요즘 환율
쉬운 경제

투자와 돈의 흐름을 잡으려면
환율부터 정복하라!

요즘 환율 쉬운 경제

| 박유연 지음 |

THE NAN
더난콘텐츠

참 이상한 세상과 환율

참 이상한 세상에 살고 있다. 경제가 이렇게 어려운데 부동산 가격은 연일 치솟고 주가도 그렇게 나쁘지 않다. 물론 이 말은 언제든 틀릴 수 있지만, 적어도 글을 쓰고 있는 2020년 7월 중순 현 시점에서는 그렇다.

2020년 경제성장률은 22년 만에 마이너스 성장이 유력하다. IMF(국제통화기금)는 2020년 한국의 성장률을 −2.1%로 예상하고 있다. 직전 마이너스 성장률을 기록한 1998년 상황은 어땠을까? 하루아침에 정리해고 당하거나, 하던 사업이 망해 극단적인 선택을 했다는 뉴스가 줄을 이었다.

하지만 지금은 그런 뉴스가 아니라 '어디 아파트 가격이 3배가 됐다', '또 어디는 수십억 원이 올랐다' 등의 뉴스로 도배되다시피 하고 있다. 마이너스 성장률의 한가운데 있는데도 말이다.

지난 몇 년간 경제를 살리기 위해 막대한 돈을 푼 결과로 설명하기에는 지금의 경제 상황은 너무나 비현실적이고 이상하다.

경제학자들을 만날 때마다 물어본다. 도대체 왜 이러냐고. 하지만 누구도 명확하게 설명하지 못한다. 바로 지금 어떤 일이 벌어지고 있는지, 가까운 미래에 어떤 일이 벌어질지 예측하는 건 어쩌면 신의 영역을 넘어선 거라고 토로한다. 현상 앞에 이론은 너무나 무기력해졌다면서 말이다.

그런데 모든 학자가 입을 모아 이야기하는 딱 한 가지 예언이 있다. 현 상황이 언제까지고 지속될 수 없다는 것만큼은 확실하다! 저마다 시점은 다르지만 언젠가 거대한 전환점이 올 거라고 거의 모든 학자가 공통적으로 단언하고 있다.

그럴 때 가장 먼저 충격을 받는 것이 환율이다. 경제 규모가 크지 않은 한국은 경제에 큰 변화가 올 때마다 급락 또는 급등의 모습으로 환율부터 움직인다. 그래서 경제의 변화를 포착하고 사전에 대비하려면 환율의 움직임을 똑바로 관찰할 수 있어야 한다. 충격이 와도, 그 충격이 끝나도, 신호는 환율에서 오게 된다. 환율이야말로 경제 공부의 첫걸음이라고 할 수 있는 것이다.

하지만 어떤 정보부터 봐야 할지 모르겠다. 경제 정보의 홍수 시대. 봐야 할 정보가 너무나 많게 느껴진다. 그런데 그 모든 걸 꼭 다 알아야 할까? 국어책을 읽기 위해 나오는 모든 단어를 한자로 쓸 수 있어야 하는 건 아니다. 정제된 지식이 필요하다. 정리된 기본 지식을 바탕으로 확고한 토대만 구축해놓으면 현상을 읽고 이해하는 데 아무런 문제가 없다. 재테크를 하는 데 전문가를 뛰어넘는 지식을 갖출 필요는 없는 것이다. 전문가를 고르고 제대로 부릴 수 있는 수준의 지식만 있어도 된다.

이 책은 '환율을 세상에서 제일 쉽고 빠르게 이해하기 위한 기본서'를 콘셉트로 기획됐다. 정말 쉬운 환율 책을 만들어보자고 의기투합해 만들었다. 환율과 경제에 대한 자신만의 시각을 갖출 수 있도록 기본 토대를 구축하는 데 초점을 맞췄다. 기초적인 내용을 모두 담으려 노력하면서 현실 시장에 대한 완전한 이해가 가능하도록 최신 정보도 함께 담았다. 환율에 대한 기본적인 설명을 시작으로 환율이 움직이는 원리, 다른 거시경제 지표와의 역학 관계, 선물환, 관련 재테크 지식 및 글로벌 환율 전쟁까지 환율에 대해 꼭 알아야 할 지식을 모두 포괄했다. 책 내용을 천천히 숙지하다 보면 환율과 국제경제에 대한 명확한 자신만의 시각을 갖출 수 있으리라 자신한다.

글로벌 경제 시대. 환율은 그 어떤 지표보다 우리 가까이에 있고, 끊임없이 실생활과 관계를 맺고 있다. 앞으로 경제는 어떤 형태로든 큰 충격을 겪을 것이다. 같은 현상이라도 환율이란 창을 통해 알고 준비하는 사람과 모른 채 맞이하는 사람의 결과는 천지 차이일 것이다.

경제가 언제 정상화될지 모르겠다. 아니 뭐가 정상인지 판단 자체가 모호해지고 있다. 그렇다고 고개만 갸웃하고 있을 순 없다. '시계

제로'의 상황이 펼쳐지더라도 최소한 넘어지는 일이 없도록 이 책이 길잡이가 될 수 있길 기원한다. 좋은 책을 위해 조언을 아끼지 않은 더난출판 관계자들에 대한 감사 인사를 전하면서, 이제 환율로의 여행을 시작하겠다.

제3장 · 환율과 외화부채

제4장 · 환율과 거시경제

제5장 · 환율 급변에 끄떡없는 선물환

제6장 · 환율 재테크

제7장 · 정부와 한국은행의 환테크, 시장개입

제1장

환율이란?

환율은 달러값일까, 원화값일까?
-환율의 정의

환율이란 무엇일까?

김수진 대리는 전 세계로 자동차 방향제를 수출하는 일신향업에 다니고 있다. 김 대리가 담당하는 국가는 미국으로, 가장 큰 시장을 담당하는 걸 보면 사내에서 무척 잘나가는 모양이다. 미국에서 일신향업의 무기는 '가성비'이다. 중국제와 비교하면 품질이 월등한데, 가격이 단돈 1,200원에 불과하다. 김 대리는 방향제를 하나라도 더 수출하기 위해 이곳저곳 뛰어다니느라 여념이 없다. 그렇게 달러를 벌어오면, 경리부가 은행에서 환전해 회사 통장에 입금한다. 여기서 환율이 필요하다. 일신향업이 미국에서 받은 달러를 원화로 바꿀 때 적용되는 교환비율이 환율인 것이다.

자, 이렇게 환율의 첫 번째 개념이 나타났다. '교환비율.'

원화와 비교한 외국 화폐의 가치

달러와 원화 사이 교환비율은 어떻게 산정해야 하는 걸까? 1달러당 1,000원? 2,000원? 그것도 아니면 500원? 기준점이 없으면 도대체 종잡을 수가 없다. 교환비율이 적정하려면 기준점을 잡아야 한다. 바로 금이 오랫동안 그 역할을 했다. 금은 누구나 갖고 싶어 하는 귀금속이다. 전 세계에서 귀한 대접을 받는다. 그래서 무역을 할 때 돈 대신 사용되기도 했다. 방향제를 수출하고 금을 받아오는 식이다. 그런데 이런 거래는 무척 불편하다. 거래에 쓰일 만큼 충분한 양을 구하는 데 한계가 있는 데다, 실물을 주고받는 것이 여간 번거로운 일이 아니다.

그 대신 금을 기준점으로 삼아 교환비율을 산정하면 문제가 해결된다. 각 나라마다 금의 가격이 매겨지는데, 예를 들어 한국에서는 '금 0.1g=1,200원'으로, 미국에서는 '금 0.1g=1달러'라고 하는 식이다. 이걸 하나로 합쳐볼까? '1,200원=금 0.1g=1달러'. 이제 가운데 금 0.1g을 지워보겠다. '1,200원=1달러' 거꾸로 하면 '1달러=1,200원'. 원화 1,200원과 달러화 1달러가 같은 가치를 지니고 있다는 결론이 나왔다. 똑같이 금 0.1g을 살 수 있는 돈이니, 같은 가치를 지니고 있다고 보는 것이다.

이것이 환율이다. 각 나라의 통화가치를 비교하기 위해 적용하는 '교환비율'이 환율인 것이다. 보다 구체적으로 표현하면 '자국의 화폐와 비교한 외국 화폐의 가치'라고 정의할 수 있다. '1달러=1,200원'이라면, 원화와 비교한 1달러의 가치는 1,200원이라고 정의하는 것이다. 즉 달러화 환율은 달러값이다.

다만 요즘은 환율을 구하는 데 굳이 금을 동원하지 않는다. 예전과는 비교할 수 없을 정도로 금융시장이 발달해 외화의 수요·공급 상황에 따라 실시간으로 환율이 결정되는 것이다.

> **환율 = 자국의 화폐와 비교한 외국 화폐의 가치, 외환의 가격**

환율을 표시할 때는 어떤 외국 화폐와 비교하는지 반드시 표기해줘야 한다. 미국 달러화와 원화를 비교한다면 '달러화 대비 원화 환율'이라고 표기하는 식이다. 이는 '원화와 비교한 달러화의 가치'를 의미한다. 줄여서 '달러화 환율'이라 하겠다. 다시 말해 달러화 환율은 원화와 비교한 '달러화의 가치'이고, 엔화 환율은 원화와 비교한 '엔화의 가치'이고, 유로화 환율은 원화와 비교한 '유로화의 가치'이다.

어떤 외국 화폐와 비교했는지 나타내지 않고 단순히 '환율'이라고 할 때가 있다. 이는 '미국 달러화 환율'을 의미한다. 세계 최강대국 미국은 환율 세계에서도 절대적인 파워를 자랑한다. 그래서 세계 모든 나라가 미국 달러를 중심으로 화폐가치를 비교하고 있다. 굳이 '미국 달러화 환율'이라고 길게 말하지 않아도, 환율이라고 하면 미국 달러화 환율을 의미하는 것이 된다. 앞으로 신문이나 방송에서 '환율이 올랐다' 또는 '환율이 내렸다'라고 하면, 미국 달러화 환율을 말하는 것이라고 생각하면 된다. 다른 환율을 이야기하는 경우라면 유로화 환율, 엔화 환율, 위안화 환율이라고 반드시 표기하는 걸 볼 수 있을 것이다. 유로화 가치, 엔화 가치, 위안화 가치라고 표현하기도 한다.

환율의 상승과 하락

환율은 가만히 있지 않는다. 수시로 변한다. 예를 들어 환율이 1,200원에서 1,000원으로 떨어졌다고 하겠다. 1,200원을 주고 1달러를 얻을 수 있는 상황에서, 1,000원만 주면 1달러를 얻는 환경으로 변했다는 뜻이다. 1달러를 얻는 데 예전보다 200원을 덜 줘도 되니 그만큼 미국 달러화 가치가 내려갔다고 볼 수 있겠다. 뒤집어 생각하면 200원 덜 주고도 1달러를 구할 수 있게 됐으니, 그만큼 원화 가치가 올라갔다고도 볼 수 있다. 그래서 '환율하락=외화 가치 하락=원화 가치 상승'으로 정리할 수 있다.

환율의 정의로 다시 이해해볼까? 환율을 '자국의 화폐와 비교한 외국 화폐의 가치'라고 했다. 이것이 내려갔다는 것은 말 그대로 외화 가치가 내려갔다는 것이고, 뒤집어보면 원화 가치가 상대적으로 올라갔다는 이야기가 된다. 이렇게 되면 예전보다 더 적은 원화를 써도 같은 양의 외화를 얻을 수 있고, 반대로 같은 원화를 얻기 위해서는 예전보다 더 많은 외화를 내야 한다. 그만큼 원화 가치는 오르고, 외화 가치는 내려간 것이다. 즉 환율하락은 원화 가치, 즉 원화값 상승으로 이어진다.

> **환율하락 = 외화 가치 하락 = 원화 가치 상승**
> **환율상승 = 외화 가치 상승 = 원화 가치 하락**

반대 상황을 보겠다. 1,200원이던 환율이 1,400원으로 올라간 경우이다. 1달러를 얻기 위해 예전보다 200원을 더 줘야 한다. 그만큼 원화 가치가 떨어졌다고 볼 수 있다. 만약 1달러를 갖고 있다면 1달러를 예전보다 200원 더 많은 1,400원으로 바꿀 수 있다. 그만큼 외국 화폐가치가 올라갔다고 볼 수 있다. 그래서 '환율상승=외화 가치 상승=원화 가치 하락'으로 정리할 수 있다. 환율상승이 원화 가치, 즉 원화값 하락으로 이어지는 것이다.

이것 역시 환율의 정의로 다시 이해할 수 있다. 환율은 '자국의 화폐와 비교한 외국 화폐의 가치'이다. 환율이 올랐다는 건 말 그대로 외

18

화 가치가 올랐다는 것이고, 뒤집어보면 원화 가치가 상대적으로 내려갔다는 이야기가 된다. 이렇게 되면 외화를 얻는 데 예전보다 더 많은 원화를 써야 하고, 반대로 원화를 얻는 데 예전보다 더 적은 외화를 써도 된다.

'달러화 환율이 올랐다'라고 하면 원화와 비교한 달러화의 가치가 올랐다, 뒤집어보면 원화의 가치가 떨어졌다는 뜻이다. '엔화 환율이 올랐다'라고 하면 원화와 비교한 엔화의 가치가 올랐다, 뒤집어보면 원화의 가치가 떨어졌다는 뜻이다. '유로화 환율이 올랐다'라고 하면 원화와 비교한 유로화의 가치가 올랐다, 뒤집어보면 원화의 가치가 떨어졌다는 뜻이다.

여기서 잠깐 다시 확인하고 가겠다. 환율 변화와 원화 가치 변화가 워낙 헷갈리는 표현이다. 환율이 올랐다는 것은 원화 가치가 하락했다는 뜻이지만, '올랐다'는 표현 때문에 원화 가치가 오른 것으로 혼동하는 경우가 많다. 이와 같은 혼동을 피하기 위해서는 머릿속에 꼭 '환율＝원화와 비교한 외화의 가치'라는 등식을 심어야 한다. 환율상승은 외화 가치 상승, 원화 가치 하락을 뜻한다는 것. 반대로 환율하락은 외화 가치 하락, 원화 가치 상승을 뜻한다. 반드시 꼭 기억하자!

같은 돈으로 2배를 사는
환율의 마법
-환율과 구매력

    환율은 '구매력'이란 표현으로 불리기도 한다. 환율을 보면 그 나라 구매력을 알 수 있다는 것이다. 무슨 의미일까?

    박경민 과장은 외국에서 농산물을 수입하는 일신무역에서 일하고 있다. 미국에서 콩을 수입하는 업무를 담당하고 있는데, 콩 수입 가격은 대략 1kg에 1달러 수준이라고 한다. 어느 날 달러당 환율이 1,000원에서 500원으로 크게 떨어졌다고 하자. 1달러를 환전하기 위해 1,000원을 지불하던 것에서 500원만 주면 되는 상황으로 변한 것이다. 그러면 미국산 콩 1kg을 1달러에 수입해오던 박 과장은 이제 500원만 준비하면 된다. 500원을 1달러로 환전해 콩 1kg을 수입하는 것이다. 부담이 절반으로 줄었다. 똑같이 1,000원을 쓴다면, 1,000원을 2달러로 바꿔 콩 2kg을 살 수 있다.

        요즘 환율 쉬운 경제

이처럼 환율이 떨어지면 상대국의 물건을 보다 싸게, 많이 사올 수 있다. 한마디로 표현하면 '원화의 구매력이 커졌다'고 할 수 있다. 500원으로 예전엔 콩 0.5kg만 살 수 있었는데, 이제는 1kg를 살 수 있게 됐으니 구매력이 2배로 커진 것이다. 이때 구매력은 외국에서의 구매력을 의미한다. 원화를 달러 등으로 환전해서 외국에서 물건을 사거나 수입할 때 적용되는 구매력인 것이다. 환율이 내려가면 같은 원화로 보다 많은 외국 돈을 받을 수 있으니, 그만큼 더 많은 외국 물건을 구매할 수 있어서 구매력이 올라가는 것이다.

> **환율하락 = 원화 구매력 상승**
> **환율상승 = 원화 구매력 하락**

반대로 환율상승은 외국에서의 원화 구매력 감소를 뜻한다. 환율이 올라가면 같은 원화로 보다 적은 외국 돈을 받아, 그만큼 외국 물건을 덜 살 수밖에 없기 때문이다. 예를 들어 달러당 환율이 1,000원에서 2,000원으로 오르면, 박 과장이 1달러로 바꾸기 위해 준비해야 하는 돈이 1,000원에서 2,000원으로 오른다. 콩 1kg을 1달러에 수입하기 위해 마련해야 하는 돈이 1,000원에서 2,000원으로 오르는 것이다. 똑같이 1,000원을 쓴다면, 1,000원으로는 0.5달러밖에 받지 못해 콩을 0.5kg밖에 수입하지 못한다. 그만큼 원화의 구매력이 내려가는 것이다, 정리하면 환율하락은 원화 구매력 상승, 환율상승은 원화 구매력 하락이 되겠다.

여기서 주의해야 할 것이 있다. 환율이 아무리 변해도 국산품에 대한 원화의 구매력은 큰 변화가 발생하지 않는다. 환율이 1,000원에서 500원으로 떨어진다고 해서 국산 콩 가격이 절반으로 떨어지지는 않는 것이다. 1달러인 미국산 콩 수입 가격은 환율하락에 따라 1kg당 1,000원에서 500원으로 떨어질 여지가 생기지만, 국내에서 생산되는 콩을 달러로 사는 것이 아니니 떨어질 여지가 없는 것이다. 물론 수입산 가격 하락 영향을 받아 국산 콩의 가격도 떨어질 가능성이 있긴 하다. 수입품 가격이 크게 떨어지니 경쟁을 이기지 못해 국산품 가격이 내려가는 것이다. 하지만 이는 시장 경쟁에 따른 결과일 뿐 환율하락의 탓은 아니다. 어쨌든 이런 과정을 거쳐 환율하락은 결과적으로 물가안정에 기여하다. 반대로 환율상승은 물가상승을 유발한다.

요즘 환율 쉬운 경제

2019년 베네수엘라인들이
달러만 찾은 이유
-재정환율과 실질실효환율

'환율'이라고 할 때 미국 달러화 대비 환율을 이야기하는 건 비단 한 국뿐만이 아니다. 일본, 유럽, 중국 등 세계 모든 나라가 미국 달러와 비교한 환율을 중심 환율로 삼고 있다. 그래서 일본, 유럽, 중국 등 다른 나라도 달러화 대비 환율을 굳이 달러화 대비 환율이라고 길게 쓰지 않고 그냥 환율이라고 쓴다.

유럽, 일본, 중국도 기본 비교 대상은 달러

미국 달러가 각 나라의 환율을 결정하는 데 중심축 역할을 하는 것은 달러가 세계 기축통화로 쓰이기 때문이다. 기축통화란 무역이나 금융거래에서 기본이 되는 화폐를 의미한다. 세계은행에 따르면 전 세계 무역의 40% 정도가 달러로 결제된다고 한다. 한국은 비중이 더 높아 국제 무역의 80% 이상을 달러로 결제하고 있다. 또 전 세계 외환거래의 88%가 달러이다. 세계 어느 나라를 가더라도 달러만 있으면 안심할 수 있다. 달러는 어디서든 손쉽게 현지 화폐로 바꿔 쓸 수 있는 것이다.

반면 다른 통화는 그렇지 않다. 예를 들어 아프리카 수단의 화폐는 수단을 제외한 어느 나라에서도 통용되기 어렵다. 수단 사람이 자국의 돈을 한국에서 사용하기 위해서는 한국은행이나 환전상이 수단 화폐를 원화로 바꿔줘야 하는데, 이는 사실상 불가능한 일이다. 수단 화폐를 받아봤자 처치하기 곤란해 아무도 바꿔주려 하지 않기 때문이다.

이는 수단 화폐뿐만이 아니다. 미국 달러를 제외한 거의 모든 화폐

도표 1-1 한국의 무역 결제 통화 비율

통화	비율
미국 달러(USD)	84.5
일본 엔(JPY)	2.7
유럽연합 유로(EUR)	5.6
한국 원(KRW)	2.8
기타	4.3

출처: 한국은행(2018년), 단위: %

요즘 환율 쉬운 경제

도표 1-2 각국 통화의 달러화 대비 환율

통화	환율(달러당)
한국 원(KRW)	1,100.3
일본 엔(JPY)	110.45060
유럽연합 유로(EUR)	1.18100
영국 파운드(GBP)	1.33540
캐나다 달러(CAD)	1.29620
스위스 프랑(CHF)	0.97880
호주 달러(AUD)	0.74790
뉴질랜드 달러(NZD)	0.69270
홍콩 달러(HKD)	7.83780
대만 달러(TWD)	30.13050
태국 바트(THB)	32.33390
싱가포르 달러(SGD)	1.34930
인도네시아 루피아(IDR)	14,227.67000
말레이시아 링깃(MYR)	4.03500
필리핀 페소(PHP)	52.65880
베트남 동(VND)	23,023.76840
인도 루피(INR)	68.37120
멕시코 페소(MXN)	19.23680
브라질 레알(BRL)	3.65030
러시아 루블(RUB)	62.74900

출처: 한국은행(2018년), 단위: 각국 통화

가 외국에서 사용하는 데 어려움이 많다. 물론 유럽의 유로화, 일본의 엔화, 영국의 파운드화 등 좀 더 사용 범위가 넓은 통화들이 있긴 하다. 하지만 미국 달러화에 비하면 범용성이 떨어진다. 중국의 편의점 주인이 원화를 받으려 할까? 반대로 한국의 편의점도 중국인이 위안화를 내면 받지 않으려 할 것이다. 은행에 가서 환전하면 되지만, 귀찮고 수수료도 내야 한다. 반면 달러는 받아두면 언젠가 쓸 일이 생길 수 있다. 특히 후진국으로 갈수록 달러를 자국 화폐 이상으로 대접한다. 경제가 불안해서 자국 화폐는 믿지 못하지만 달러는 자국 화폐에 비해 안정적이기 때문에 믿는 것이다. 그렇기 때문에 만약 그 나라 상점에서 자국의 화폐 대신 달러를 내면 환영한다. 2019년의 베네수엘라가 그 대표적 사례이다. 베네수엘라는 엄청난 물가상승으로 자국의 화폐가치가 휴지조각이 되자, 너도나도 달러만 취급했다.

아프리카 화폐의 환율은 어떻게 나올까?

그런데 신문에 나오는 환율 고시표를 보면 미국 달러뿐 아니라 이름 모를 나라와 비교한 환율도 고시된다. 환율이 산정되려면 원칙상 통화끼리 거래가 있어야 한다. 예를 들어 수단 화폐 대비 원화 환율이 나오려면 수단 화폐와 원화 사이에 주고받은 거래가 있어야 한다. 그러나 이런 거래가 있을 리 없다. 한국은 수단 돈을 받지 않고, 수단 역시 원화를 받지 않는다. 양국 간의 무역에는 국제적으로 통용되는 달러 또는 유로화 등이 쓰인다.

통화끼리 거래가 없어도 세계 모든 나라와 통화가치를 비교할 수 있는 것은 달러라는 매개체 덕분이다. 상대국 통화의 달러화 대비 환율과 원화의 달러화 대비 환율을 비교해 간접적으로 환율을 구하는 것이다. 예를 들어 1달러당 원화 환율이 1,000원이고 1달러당 위안화 환율이 10위안이라 하자. '1달러=1,000원, 1달러=10위안'인 것이다. 이제 둘을 합쳐보자. '1,000원=1달러=10위안'이라고 나타낼 수 있다. 이제 가운데 1달러를 지워보면 '1,000원=10위안'이라는 환율이 나온다. 1,000원과 10위안이 같은 가치를 갖고 있다고 판단할 수 있다. 위안화 대비 원화 환율이 나온 것이다.

이렇게 결정되는 환율에 따라 은행에 원화를 주고 위안화를 환전받을 수 있다. 은행 창구에 1,000원을 내고 10위안을 받는 것이다. 이와 같은 방법을 통해 세계 모든 나라와 통화가치를 비교할 수 있다. 달러화 환율이 있는 통화라면 그 어떤 통화와도 가치를 비교해 환율을 산정할 수 있는 것이다. 이런 방식으로 구한 환율을 '재정환율'이라고 한다. 재정환율을 통해 외국 돈이 도대체 어느 정도의 가치인지 가늠할 수 있다.

달러를 매개체로 하는 방식은 환율의 움직임을 실시간으로 반영한다. 예를 들어 전반적으로 위안화 가치가 올랐다고 하자. 달러화 대비 위안화 환율이 1달러당 10위안에서 9위안으로 떨어지는 식이다.

도표 1-3 세계 각국의 통화 대비 원화 환율
(각국 통화 1단위를 사기 위해 필요한 원화를 뜻함)

통화	환율
미국 달러(USD)	1,185.50
유럽연합 유로(EUR)	1,335.35
일본 엔(JPY, 100엔)	1,095.50
중국 위안(CHY)	171.02
홍콩 달러(HKD)	151.45
대만 달러(TWD)	37.65
영국 파운드(GBP)	1,498.83
오만 리알(OMR)	3,079.14
캐나다 달러(CAD)	888.55
스위스 프랑(CHF)	1,191.10
스웨덴 크로나(SEK)	125.42
호주 달러(AUD)	817.58
뉴질랜드 달러(NZD)	774.37
체코 코루나(CZK)	52.28
칠레 페소(CLP)	1.70
터키 리라(TRY)	200.99
몽골 투그릭(MNT)	0.44
이스라엘 세켈(ILS)	329.37
덴마크 크로네(DKK)	178.82
노르웨이 크로네(NOK)	136.47
사우디아라비아 리얄(SAR)	316.10
쿠웨이트 디나르(KWD)	3,900.44
바레인 디나르(BHD)	3,144.65
아랍에미리트 디르함(AED)	322.75
요르단 디나르(JOD)	1,672.07
이집트 파운드(EGP)	70.73

출처: 한국은행(2019년 6월 14일 기준), 단위: 원

요즘 환율 쉬운 경제

1달러를 사는 데 10위안 대신 9위안만 주면 되는 상황으로 변했으므로 그만큼 위안화 가치가 오른 것이다. '1달러=9위안'이다. 반면 원화 가치에는 변화가 없어서 달러당 환율을 1,000원 그대로 유지한다고 해보자. '1달러=1,000원'이다. 둘을 합쳐보자. '9위안=1달러=1,000원'이다. 여기서 1달러를 지우면 '9위안=1,000원'이 환율이 나온다. 이전에 10위안=1,000원일 때와 비교하면 달러화 대비 위안화 하락과 함께 원화 대비 위안화 환율도 떨어진 것이다. 예전에는 1,000원을 주면 10위안을 얻을 수 있었는데 이제는 9위안만 받을 수 있는 상황으로 바뀌었으니 그만큼 위안화 가치는 오르고 원화 가치가 떨어진 것이다. 달러화와 비교한 위안화의 가치 변동이 원화와 비교한 위안화의 가치 변동으로 그대로 이어졌음을 확인할 수 있다. 이처럼 통화끼리 직접 비교하지 않고 달러를 매개체로 상대국 화폐가치의 상승 또는 하락을 원화와 비교해서 알 수 있다.

원화 가치를 종합적으로 보여주는 실질실효환율

하지만 이 방식이 완벽한 것은 아니다. 예를 들어 초기 정착 자금으로 위안화를 갖고 온 조선족의 유입이 늘어나 갑자기 국내에 위안화 공급이 크게 늘었다고 해보자. 이와 같은 상황이라면 원화와 비교한 위안화 가치가 크게 내려가는 것이 맞다. 국내에 위안화 공급이 늘었으니 원화와 비교한 위안화 가격이 떨어지는 것이다. 그런데 달러를 매개체로 환율을 산정하는 방식에서는 이런 상황이 잘 반영되지 못한다.

달러 대비 위안화 환율이나 달러화 대비 원화 환율에 큰 변화가 없다면 여기서 달러를 지워낸 위안화 대비 원화 환율도 움직임이 없는 것이다. 이처럼 달러를 매개체로 제3국의 통화와 비교한 환율을 구하는 방법은 해당 통화와의 거래 양상이 환율에 제대로 반영되지 않는다는 측면에서 완전한 방법은 아니다.

그래서 위안화, 엔화, 유로화 등 주요 통화 정도는 직접 거래하는 시장을 활성화해야 한다는 지적이 많다. 위안화 등 주요 통화와 원화 간 거래 시장을 활성화시켜 여기서 형성되는 가격을 해당 통화의 환율로 사용하자는 이야기이다. 이렇게 하면 주요 통화의 수급 상황을 환율에 반영할 수 있다. 국내에 위안화 공급이 크게 늘면 위안화 대비 원화 환율이 떨어지는 식이다.

하지만 시장이 활발해지려면 거래량이 충분해야 한다. 찾는 사람이 많아야 충분한 거래가 일어나고 거기서 형성되는 가격도 믿을 수 있는 것이 된다. 그러나 한국은 국제 무역의 80%를 달러로 결제할 만큼 달러에 의존적이라, 나머지 통화는 가격이 형성될 정도의 거래가 일어나지 못하는 형편이다. 그나마 위안화는 직거래 시장이 만들어져 있지만, 달러와 비교하면 규모가 미미하다.

그래도 어쨌든 위안화, 유로화, 엔화 등의 국내 수급 상황이 어느 정도는 각 환율에 영향을 미친다. 위안화의 국내 수급 상황을 위안화

      요즘 환율 쉬운 경제

대비 원화 환율에 소폭이나마 반영하는 것이다. 기본적으로 달러를 매개체로 해서 환율을 산정하되 수급 상황을 일부 반영하는 것이다. 유로화 대비, 위안화 대비, 엔화 대비 등 원화 환율에 어느 정도는 자체 결정 메커니즘이 있는 것이다. 이런 식으로 산정되는 다양한 통화의 환율을 평균한 개념이 있다. 이를 '실질실효환율'이라 한다. 한국으로 치면 달러화 대비 원화 환율뿐 아니라 위안화 대비, 엔화 대비, 유로화 대비 등 교역 관계에 있는 주요국 통화 대비 환율을 평균해서 하나로 합친 것이다.

실질실효환율은 자국 화폐의 통화가치가 얼마나 되는지 확인하는 보조 지표로 활용된다. 달러화 환율만으로 원화 가치를 살피면 입체적으로 산정하는 데 한계가 있다. 이때 유로화 대비 환율, 엔화 대비 환율 등도 같이 살펴보면 좋다. 유로화 대비 원화 가치는 어떤지, 엔화 대비 원화 가치는 어떤지 등을 두루 살펴서 종합적으로 원화 가치를 산정하는 것이다. 이를 종합적으로 수치화한 것이 실질실효환율이다.

각국 통화와 비교 가치를 얼마나 개입시키는지는 교역량에 따라 결정된다. 중국과는 많은 무역을 하고 있으니 위안화와 비교한 가치는 좀 더 반영하고, 러시아와는 그보다 교역량이 적으니 루블화와 비교한 가치는 좀 더 적게 반영하는 식이다. 이와 같은 방식을 '가중평균'이라고 한다. 실질실효환율은 100을 기준으로 표시된다. 100을 넘어 숫자가 커질수록 원화 가치가 높아지고 있다는 뜻이고, 반대로 숫자가 작아질수록 원화 가치가 낮아지고 있다는 뜻이 된다.

실질실효환율은 앞으로 환율을 예측하는 데 도움을 준다. 실질실효환율이 높으면 원화가 높은 평가를 받고 있다는 뜻이다. 환율이 낮은 것이다. 그러면 경상수지가 악화되면서 환율이 올라갈 것으로 예상할 수 있다. 원화 가치가 다시 내려가는 것이다. 반대로 실질실효환율이 낮으면 원화가 낮은 평가를 받고 있다는 뜻이다. 환율이 높은 것이다. 그러면 경상수지가 개선되면서 환율이 내려갈 것으로 예상할 수 있다. 원화 가치가 다시 올라가는 것이다.

요약하면 실질실효환율이 높으면 앞으로 환율상승을 예상하면 된다. 실질실효환율이 낮으면 환율하락을 예상하면 된다. 경제지표는 결국에는 균형으로 돌아가려는 복원력을 갖고 있기에 가능한 예상이다.

요즘 환율 쉬운 경제

환율에 따라 춤추는 GDP
-환율과 국민소득

    환율은 경제지표에도 영향을 미친다. 대표적인 것이 경제 규모이다. 국가 경제 규모는 국민총생산(GDP)으로 추산한다. GDP는 경제주체들이 각종 경제활동을 한 결과 가격을 곱해 계산한다. 한 국가가 전체적으로 TV 10대, 자동차 10대를 만든다면 이를 수치로 환산해 합산한 것이다. 경제주체들이 생산한 재화와 서비스에 TV와 자동차 가격을 각각 곱한 것이 이 나라의 GDP이다. GDP가 계속 성장할수록 국가 경제 수준이 올라간다.

    이렇게 국민들이 노력한 대가인 GDP를 환율이 순식간에 깎아버리는 경우가 있다. 어떻게 그런 일이 벌어지는 것일까? 쉬운 이해를 위해 2009년으로 가보겠다. 2008년 말 터진 글로벌 금융위기의 충격이 강하게 남아 있을 때이다. 충격은 컸지만 2009년 한국의 GDP는

도표 1-4 2008년 전후 주요 경제지표

연도	①원화 기준 GDP	②연평균 환율 (달러당)	달러 기준 GDP (①÷②)	1인당 국민소득
2007년	1,089.7조 원	929.20원	1조 1,727억 달러	24,027달러
2008년	1,154.2조 원	1,102.59원	1조 468억 달러	21,345달러
2009년	1,205.3조 원	1,276.40원	9,443억 달러	19,122달러

자료 : 한국은행

1,205.3조 원으로 2008년 1,154.2조 원보다 50조 원 이상 늘었다. 당시 세계 거의 모든 나라가 마이너스 성장을 했는데 한국은 소폭이나마 플러스 성장을 하면서 선방했다.

그런데 달러를 기준으로 설명하면 이야기가 달라진다. 2009년 달러로 환산한 GDP는 9,443억 달러로 2008년 1조 468억 달러보다 크게 감소한 것이다. 2007년 1조 1,727억 달러와 비교하면 더 크게 줄었다. 한국의 달러 기준 GDP는 2001년 5,447억 달러에서 2006년 1조 524억 달러로 급증하며 1조 달러를 돌파했는데, 2008년과 2009년 연속으로 역성장하면서 다시 1조 달러 밑으로 가라앉았다. 이에 따라 2006년 2만 달러를 돌파했던 1인당 GDP 역시 2009년 1만 9,122달러로 2만 달러 밑으로 추락하고 말았다.

원화 기준 GDP는 성장했는데 달러 기준 GDP는 추락했다. 도대체 무슨 일이 있었던 걸까? 전적으로 환율 때문이었다. 달러 기준 GDP는 원화 기준 GDP를 연평균 환율로 나눠 계산한다. 같은 금액이더

요즘 환율 쉬운 경제

라도 나눠주는 환율이 크게 올라가면 그 결과 값인 달러 기준 GDP가 크게 떨어지는 것이다.

달러 기준 GDP도 마찬가지이다. 도표 1-4를 보자. 연평균 환율을 보면 2007년 929.20원에서 2008년 1,102.59원으로 크게 올랐다. 2009년에는 더 올라 1,276.40원에 달했다. 이렇게 환율이 오른 것은 세계 경제위기가 발생하면서 안전자산인 달러의 가치가 크게 올랐기 때문이다. 그러면서 원화 기준 GDP가 2007년 1,089.7조 원, 2008년 1,154.2조 원, 2009년 1,205.3조 원으로 계속 올랐음에도 환율이 그보다 더 큰 폭으로 급등하면서 달러 기준 GDP가 줄어들고 만 것이다. 나눠지는 GDP 이상으로 나눠주는 환율이 올라가면서 결과 값인 달러 기준 GDP가 추락한 것이다.

이후에는 이와 같은 일이 거의 발생하지 않고 있다. 경제가 꾸준히 성장하고 있고, 큰 위기 상황이 벌어지지 않으면서 환율이 하향 안정세를 나타내고 있기 때문이다. 연평균 환율은 2009년 1,276.4원에서 2018년 1,100.3원으로 떨어졌다. 그사이 원화 기준 GDP는 1,205.3조 원에서 1,893.5조 원으로 늘었다. 이렇게 나눠지는 GDP는 계속 커지는데 나눠주는 환율이 하향 안정세를 보이면서 결과 값인 달러 기준 GDP가 계속 올라가고 있는 것이다. 그러면서 1인당 국민소득은 2017년 3만 1,734달러로 드디어 3만 달러를 돌파했다. 2018년에는 3만 3,434달러로 더 올랐다. 이렇게 환율은 국가 경제 모습을 대외적으로 나쁘게도, 좋게도 보이도록 만든다.

한국은 정말 헬조선일까?
-PPP환율

이번에는 구매력평가환율(PPP, Purchasing Power Parity)에 대해 알아보겠다. 뭔가 어려워 보이는 단어지만, 사실 별것 아니다.

스타벅스 커피로 보는 환율

환율을 산정할 때 금이나 수급 동향뿐만 아니라 물건으로도 계산할 수 있다. 기본적으로 금을 기준으로 하는 것과 방식이 같다. '1,200원=금 0.1g=1달러' 공식에서 가운데 금 대신 다른 매개체를 넣는 것이다. 동일한 물건을 구입하는 데 필요한 돈을 비교하는 방법인데, 대표적인 것이 '빅맥지수' 또는 '스타벅스지수'이다. 맥도날드의 빅맥이나 스타벅스 커피는 전 세계 어느 곳에서나 팔린다. 바로 이 상품들의 나라별 가격을 비교해보는 것이다. 단순히 각국에서 팔리는 스타벅스 커피나 빅맥 가격을 각국의 달러 환율로 환산해 비교하는 경우도 있는데, 환율로 따져보는 것이 훨씬 더 흥미롭다.

예를 들어 한국 스타벅스에서 팔리는 아메리카노 가격이 4,000원이고, 미국 스타벅스에서 팔리는 아메리카노 가격이 4달러라면, '4달러=스타벅스 아메리카노=4,000원'으로 정리하는 식이다. 여기서 가운데 스타벅스 아메리카노를 지워내면 '4달러=4,000원'이 나오고, 이를 다시 1달러당으로 표시하면 '1달러=1,000원'이란 환율 공식이 나온다. 스타벅스지수에 따른 환율은 1달러당 1,000원인 것이다.

이렇게 비교할 수 있는 대상은 빅맥이나 스타벅스 외에도 많다. 비슷한 품질로 전 세계에서 고루 소비되는 것이라면 모두 평가 대상이 될 수 있다. 삼성 휴대폰, 필리핀산 바나나, 리바이스 청바지, 폴로 티셔츠 등 무수히 많다. 햄버거, 파스타, 초밥 등의 외식 물가나 헤어 커트, 휴대폰 요금 같은 서비스 요금도 조사 대상이 될 수 있다. 무엇이든 비슷한 품질의 서비스를 찾아내 가격을 비교하는 것이다. 이렇게 품목별로 가격을 조사해 나온 환율의 평균을 '구매력평가환율(PPP)'이라고 한다. 스타벅스지수는 1달러당 1,000원, 빅맥지수는 1달러당 900원, 리바이스지수는 1달러당 1,100원 식일 때 이를 모두 평균해서 PPP환율을 구하는 것이다. 이처럼 각국에서의 구매력을 기준으로 평가하기 때문에 구매력평가환율이라는 이름이 붙었다. 보통

```
일반 환율 = 1달러당 1,100.3원
PPP환율 = 1달러당 852.7원
```

※2018년 기준

OECD, UN, 세계은행 등에서 작성한다.

한국의 PPP환율은 2018년 기준 1달러당 852.7원이다. '평균적으로' 1달러로 '미국에서' 살 수 있는 물건을 '한국에선' 852.7원으로 살 수 있다는 뜻이다. 커피, 티셔츠, 바나나, 휴대폰 등 모든 물건을 통틀어서 미국에서 '평균적으로' 1달러를 내야 할 때 한국에선 852.7원을 내면 된다. 물가 수준이 낮을수록 내려간다.

일반 환율과 PPP환율의 차이

어, 이상하다. 일반 환율과 차이가 크다. 2018년 기준 달러당 일반 환율은 평균 1,100.3원인데, PPP환율은 852.7원이다. 왜 이렇게 차이가 나는 걸까? 이는 PPP환율과 일반 환율에 따른 구매력평가 방식(제1장 "2. 같은 돈으로 2배를 사는 환율의 마법" 참조)이 다르기 때문이다. 쉬운 이해를 위해 예를 들어보겠다. 미국에서 귤이 개당 1달러라고 하자. 한국에서는 852.7원이다. 그리고 귤보다 큰 한라봉은 개당

1,100.3원이다.

　일반 환율이 달러당 1,100.3원이라는 것은 1달러로 '미국에서' 살 수 있는 물건과 1,100.3원으로(1달러로 환전해서) '미국에서' 살 수 있는 물건이 같다는 뜻이다. 즉 1,100.3원의 미국에서의 구매력이 1달러에 해당한다는 의미이다. 미국에서 귤을 구입하려면 1달러를 지불해야 한다. 이 1달러를 마련하려면 1,100.3원이 있어야 한다. 귤을 미국에서 사는 데 들어가는 돈이다. 그래서 미국에서 1달러와 1,100.3원은 같은 돈이다. 또한 일반 환율이 달러당 1,100.3원이란 것은 1,100.3원으로 '한국에서' 살 수 있는 물건과 1달러로(1,100.3원으로 환전해서) '한국에서' 살 수 있는 물건이 같다는 뜻이기도 하다. 즉 1달러의 한국에서의 구매력이 1,100.3원에 해당한다는 의미이다. 그래서 1달러가 1,100.3원에 해당하게 된다. 한국에서 한라봉을 사려면 1,100.3원이 있어야 한다. 1달러를 환전하면 1,100.3원을 얻을 수 있다. 1달러로 한라봉을 살 수 있는 것이다. 그래서 한국에서 1달러와 1,100.3원은 같은 돈이다.

　반면 PPP환율이 달러당 852.7원이란 것은 852.7원으로 '한국에서' 살 수 있는 물건과 1달러로 '미국에서' 살 수 있는 물건이 같다는 뜻이다. 한국에서 귤 한 개를 사는 데 852.7원이 들고, 미국에서 귤 한 개를 사는 데 1달러가 드는 것이다. 그래서 한국에서의 852.7원과 미국에서의 1달러는 같은 돈이다.

　PPP환율과 일반 환율의 차이를 이해하겠는가? PPP환율은 각 동

- 1달러로 미국에서 구입한 물건
  = 852.7원으로 한국에서 구입한 물건(귤, PPP환율)
- 1달러로 미국에서 구입한 물건
  = 1,100.3원으로 미국에서 구입한 물건(귤, 일반 환율)
- 1달러로 한국에서 구입한 물건
  = 1,100.3원으로 한국에서 구입한 물건(한라봉, 일반 환율)

네에서 물건을 구매할 때 그 가치를 비교한 것이다. 한국에서 원화로 귤을 사는 것과 미국에서 달러로 귤을 사는 것을 비교한 것이다. 즉 PPP환율이 852.7원이라는 것은 852.7원으로 한국에서 사는 제품과 1달러로 미국에서 사는 제품이 비슷하다는 뜻이 된다.

반면 일반 환율이 1,100.3원이라는 것은 미국이건 한국이건 같은 곳에서 1달러와 1,100.3원이 같은 구매력을 지니고 있다는 뜻이다. 한국에서 한라봉을 원화와 달러로(원화로 환전해서) 사는 것을 비교하는 것이다. 아니면 미국에서 달러와 원화로(달러로 환전해서) 귤을 사는 것을 비교하는 것이다.

이런 PPP환율과 일반 환율의 개념 차이에 따라 수치에도 차이가 발생하게 된다.

요즘 환율 쉬운 경제

삶의 질을 결정하는 PPP환율

2018년 PPP환율 852.7원과 일반 환율 1,100.3원을 비교하면 일반 환율이 PPP환율보다 250원 가까이 높다. 이런 상황이라면 미국인이건 한국인이건 미국보다 한국에서 쇼핑하는 것이 훨씬 유리하다. 예를 들어 미국인이 1달러를 가져와 한국에서 1,100.3원을 받은 뒤 쇼핑을 하면 미국에서 1달러로 사는 것보다 더 많은 양의 물건을 살 수 있다. 계산해보면 미국보다 약 1.29배(1,100.3/852.7) 많은 물건을 살 수 있다. 1달러를 한국에서 1,100.3원으로 바꿔, 미국에서는 1달러에 팔지만 한국에서는 852.7원에 파는 귤을 산다. 그러고도 약 250원이 남는다. 그러면 다른 물건을 더 살 수 있는 것이다.

반대로 한국인이 1,100.3원을 1달러로 바꿔, 미국에서 쇼핑을 하면 한국에서 쇼핑한 것과 비교해 손해를 보게 된다. 한국에서는 852.7원만 주면 귤을 살 수 있지만 미국에서는 이보다 많은 1,100.3원(1달러)을 지불해야 한다.

PPP환율이 일반 환율보다 낮은 것은 한국 물가가 미국 물가보다 전반적으로 낮기 때문이다. 한국 사람들은 한국 물가가 높다고 생각하지만 주요 선진국과 비교하면 그나마 낮은 편이다. 비슷한 물건을 미국보다 한국에서 '평균적으로' 싸게 살 수 있는 것이다. 공수가 많이 드는 제품일수록 차이가 커진다. 선진국일수록 인건비가 높기 때문이다. 외식 물가가 대표적이다. 휴대폰과 같은 공산품은 전 세계 기업이 미국에서 각축을 벌이느라 할인 경쟁을 벌이면서 한국보다 싼 경우가 많지만, 서비스까지 고려한 전반적인 물가는 미국이 더 높다. 도표 1-5를 보면 일반 달러 환율로 환산한 빅맥 가격에서 한국 순위가 미국 등과 비교해 낮다는 것을 알 수 있다.

1,100.3원은 1달러와 일반 환율로 같은 돈이지만, 한국은 미국보다는 물가가 낮아서 1,100.3원으로 한국에서 물건을 사면 미국에서 1달러로 사는 것보다 양이 많다. 반면 미국에서 1달러로 살 수 있는 물건은 한국의 852.7원어치밖에 되지 않는다. 이와 같은 상황이라면 같은 월급을 받는 미국인(예를 들어 1달러)보다 한국인(예를 들어 1,100.3원)의 삶의 질이 더 나을 것으로 판단할 수 있다. 미국에서 1달러를 받는 사람의 삶의 수준은 한국에서 852.7원을 받는 사람에 불과한 것이다.

일반적으로 개발도상국일수록 화폐가치가 떨어져 일반 환율은 높은 반면, 인건비 등 물가가 낮아서 PPP환율은 낮다. 즉 개발도상국일수록 같은 돈으로 더 많은 양의 물건을 살 수 있고, 같은 소득으로 더 높은 삶의 질을 누릴 수 있다. 미국에서 연봉 1억 원을 받는 것보다

요즘 환율 쉬운 경제

도표 1-5 전 세계 빅맥지수

순위	국가	빅맥지수
1	스위스	6.54
2	스웨덴	5.83
3	미국	5.51
4	노르웨이	5.22
5	캐나다	5.07
6	덴마크	4.72
7	이스라엘	4.68
8	호주	4.50
9	우루과이	4.47
10	브라질	4.40
11	레바논	4.30
12	싱가포르	4.28
13	뉴질랜드	4.23
14	영국	4.23
15	콜롬비아	4.14
16	칠레	4.05
17	코스타리카	4.03
18	**한국**	**4.03**
19	아랍에미레이트	3.81
20	스리랑카	3.64
21	태국	3.59
22	온두라스	3.54
23	일본	3.51
24	쿠웨이트	3.47
25	체코	3.40

2018년 7월 기준, 단위: 달러

> - 1달러 급여를 받는 노동자 삶의 수준
>   = 귤 1개(한국에서 852.7원)
> - 1,100.3원 급여를 받는 노동자 삶의 수준
>   = 귤 1개 + 250원 또는 한라봉 1개

한국에서 연봉 1억 원을 받는 게 삶의 질이 더 높은 것이다. 마찬가지로 베트남과 한국을 비교하면 베트남에서 연봉 1억 원을 받는 것이 삶의 질이 더 높은 것이다.

한국에서 일하는 개발도상국에서 온 외국인 노동자들의 삶을 생각하면 이해하기가 쉽다. 그들은 대부분 한국에서 매우 낮은 임금을 받으면서 일을 하고 있다. 한국 돈으로는 매우 적은 월급을 받는 것 같지만 개발도상국의 일반 환율이 무척 높아서 급여를 자국으로 보내 자국 화폐로 환전하면 매우 높은 금액으로 바꿀 수 있다. 그뿐만 아니라 개발도상국의 PPP환율이 낮으니 그 돈으로 한국에서 살 수 있는 것보다 훨씬 많은 물건을 구입할 수 있다. 같은 돈으로 한국에서 일할 때와는 비교할 수 없을 정도로 풍요롭게 살 수 있는 것이다.

요약하면 PPP환율이 일반 환율보다 낮을수록 해당 국민의 자국 내 삶의 질이 올라간다. 비슷한 물건을 상대적으로 싸게 누리고 있다는 뜻이기 때문이다. 이에 1인당 GDP처럼 눈으로 보이는 지표에서 선진국과 개발도상국 간의 격차가 크게 나타나더라도 개발도상국의

요즘 환율 쉬운 경제

PPP환율이 일반 환율보다 낮다면 삶의 질은 의외로 큰 차이가 나지 않을 수 있다. 소득이 적긴 하지만 이 소득으로 보다 많은 물건을 구입하기 때문에 실제 삶의 질은 높은 것이다(다만 절대적으로 소득 수준이 낮은 사람이 많은 나라는 아무리 PPP환율이 낮아도 낮은 소득 수준 그 자체 때문에 삶의 질이 무척 떨어진다).

외국으로 나갈 때는 상황이 바뀐다. 일반 환율이 PPP환율보다 매우 높은 상황에서 일반 환율대로 자국 돈을 외국 화폐로 환전하면 적은 양의 외국 화폐밖에 받지 못한다. 그리고 외국에 나가서 물건을 살 때는 자국에서보다 매우 비싼 값을 치러야 한다. 소득 수준이 낮은 나라일수록 외국에서 지갑 열기가 두려워지는 건 이 때문이다. 반면 선진국은 자국 물가가 높아서 앞선 예의 미국인처럼 자국 내에서 소비하는 것보다 자국 돈을 외국 화폐로 바꿔 외국에서 소비하는 것이 훨씬 유리한 경우가 많다. 미국에서 1달러로 소비하는 것보다 한국에서 1달러로 더 많은 것을 구매할 수 있다.

도표 1-6 PPP환율 추이

출처: 한국은행, 단위: 원(달러당)

경제성장과 PPP환율

경제가 성장할수록 PPP환율은 오르고 일반 환율은 내려가는 것이 일반적이다. 인건비 등이 오르면서 물가가 올라 PPP환율은 올라가는 반면, 경제가 성장함에 따라 통화 위상이 올라가면서 화폐가치가 높아져 일반 환율은 내려가는 것이다. 그래서 환율은 그 나라 경제 수준을 반영한다. 다만 일반 환율의 하락세가 심화되면 PPP환율이 일반 환율을 추월하기도 한다. 그러면 삶의 질이 나빠진다. 물가가 많이 올라 같은 월급으로 자국 내에서 예전보다 더 적은 소비를 할 수밖에 없기 때문이다. 이럴 때는 자국의 화폐가치가 높으므로 자국의 돈을 외국 돈으로 바꿔 외국에서 소비하는 것이 훨씬 유리해진다. 선진국일수록 휴가를 길고 여유롭게 즐기는 건 이 때문이다(선진국들은 상황에 따라 적극적으로 자국의 화폐가치 하락을 유도하기도 한다. 수출을 늘리면서 삶의 질 제고를 유도하기 위한 것이다. 그러면 경제 수준에 상관없이 환율이 높은 수준을 유지할 수 있다. 다만 모든 나라가 경쟁적으로 환율상승을 추구하면 자칫 환율 전쟁이 벌어질 수 있어서, 미국과 국제금융기구들은 '환율조작국' 지정 등을 하며 나름 지정 노력을 하고 있다).

다시 정리해보자. PPP환율이 낮고 일반 환율이 높은 나라의 화폐는 자국 내에서 구매력이 높지만 해외에서 구매력이 떨어지고, 반대로 경제가 성장하면서 PPP환율이 올라가고 일반 환율이 낮아진 나라의 화폐는 자국 내에서 구매력이 떨어지지만 해외에서 구매력이 올라가게 된다.

예를 들어 한국의 PPP환율이 852.7원에서 1,000원으로 오르면, 예전에는 미국에서 1달러로 구입할 수 있는 물건을 한국에서 구입하기 위해 852.7원만 주면 됐는데 이제 1,000원을 줘야 하니 원화의 자국 내 구매력이 떨어지는 것이다. 반대로 일반 환율이 1,100.3원에서 1,000원으로 내려가면 미국에서 1달러어치 소비를 하기 위해 예전에는 1,100.3원을 준비해야 했지만 이제 1,000원만 준비하면 되니 원화의 해외 구매력은 올라가는 것이다.

일반적으로 주된 소비가 국내에서 이뤄진다고 했을 때 'PPP환율이 낮고 일반 환율이 높은' 상황이 유리하다. 국내에서 물건을 상대적으로 싸게 살 수 있기 때문이다. 실상 외국에 나가서 물건을 살 일이 얼마나 많겠는가? 그래서 자국 내에서 국민의 삶의 질이 얼마나 높은지 알아보는 지표 중 하나로 PPP환율을 활용하는 경우가 많다. 그래서 PPP환율을 기준으로 한 1인당 국민소득에 관해 쓴 기사를 볼 수 있는데, 일반 소득 순위와 비교해서 개발도상국들의 순위가 대거 올라가는 것을 볼 수 있을 것이다. 이는 실질적인 각국의 삶의 질이 어느 정도 반영된 결과이다.

외국인 투자는 무조건 좋을까?

외국인 투자는 직접투자와 간접투자로 나뉜다. 직접투자는 공장 건설, 부동산 투자 등 오랜 기간 이득을 취할 목적으로 한국의 자산을 직접 취득하는 것을 의미한다. 한국 시장을 개척하거나 한국의 기술이나 인적자본 등을 활용해 제품을 생산할 목적으로 들어오는 자금이다. 간접투자는 주식, 채권, 예금 등 금융상품을 구입해서 자본 이득을 취할 목적으로 들어오는 자금을 뜻한다.

직접투자나 간접투자가 크게 늘면 한국으로 달러가 유입돼 환율이 내려간다. 상대적으로 달러가 흔해져 달러 가치가 내려가는 것이다. 일반적으로 외국인 투자는 좋은 것이라는 인식이 있지만, 지나치게 많이 유입되면 환율이 크게 내려가면서 한국 기업들의 수출경쟁력이 훼손되고 경상수지 적자로 이어진다. 외국인 투자가 늘어나는 만큼 경상수지 적자가 발생하는 것이다.

또한 외국에서 들어온 자금이 부동산 등 일부 자산시장에 몰릴 경우, 강남 아파트의 가격 급등과 같은 부작용이 발생하다. 전 세계에 풀려 있던 일본의 저금리 자금 중 상당액이 2006년을 전후해 한국 부동산 시장에 유입된 바 있다. 당시 전 세계를 돌아다니던 일본계 자금이 5,000억 달러로 추산됐는데 이중 50억 달러가 한국에 들어와 부동산 가격 상승에 큰 역할을 한 것으로 분석된다. 결과적으로 일본의 저금리가 한국에서 거품을 유발한 것이다. 그러다 경제위기가 벌어지면서 상황이 급반전됐다. 대규모로 자금이 빠져나가면서 거품이 꺼져 경제가 큰 충격을 받은 것이다. 이처럼 거품이 형성됐다가 경기가 식으면서 거품이 꺼져 위기가 벌어지는 일련의 과정을 '붐-버스트 사이클(boom-bust cycle)'이라 부른다.

이른바 '핫머니'가 이런 사이클의 진폭을 더욱 크게 만든다. 핫머니는 움직임이 매우 심한 자금을 뜻한다. 전 세계를 옮겨 다니며 수익률이 좋은 나라에 확 쏠렸다가 일정 수익을 벌면 한꺼번에 빠져나가 외환위기를 유발하곤 한다. 큰 골칫거리가 될 수 있다. 그래서 많은 나라들이 핫머니의 지나친 유출입을 막기 위한 규제 장치를 두고 있다. 자본 유출입 때 당국에 대한 보고를 의무화한 것이 대표적이다.

지나친 자금 유입에 따른 부작용을 근본적으로 줄이려면 국내에 들어온 만큼의 자금을 다시 외국에 보내는 일이 필요하다. 다른 나라에 투자를 하는 것이다. 대표적으로는 외국의 자산을 취득하는 것이다. 그러면 달러가 지나치게 흔해지는 것을 막으면서 환율하락을 방어할 수 있다.

제2장

환율은 어떻게
움직이는가?

아까워도 이유가 있는
환전수수료
-은행 간 시장, 대고객 시장

환율은 어떻게 결정되는 걸까? 누가 큰 영향을 미칠까? 환율의 움직임에 대해 알아보자.

은행 간 거래에서 결정되는 환율

환율은 외환시장에서 결정된다. 여기서 시장은 '은행 간 시장'을 의미한다. 은행과 기관 등이 참여해서 외환을 사고파는 시장을 뜻한다. 이 시장에서 거래를 중개하는 회사를 '외국환 중개회사'라고 한다. 외환이 필요한 은행이나 기관투자가는 중개회사를 거쳐 외환시장에서 원화를 주고 달러 등의 외화를 산다. 반대로 외환이 남는 은행과 기관

요즘 환율 쉬운 경제

은 중개회사를 거쳐 외환시장에서 외화를 팔아 원화를 얻는다. 이 거래를 기반으로 환율이 결정된다. 간단하다. 공급이 늘거나 수요가 줄면 가격이 떨어지고, 공급이 줄거나 수요가 늘면 가격이 오른다. 앞서 제1장에서 설명했듯 환율에 대한 가장 명쾌한 정의는 원화와 비교한 외국 통화의 가격이다. 즉 달러화 환율은 달러의 가격이다. 그래서 달러 공급이 늘거나 수요가 줄면 달러가 상대적으로 흔해져서 달러의 가격인 달러화 환율이 떨어지고, 반대로 달러 공급이 줄거나 수요가 늘면 달러가 귀해져서 달러의 가격인 달러화 환율이 오른다. 시장경제의 가장 기본적인 수요·공급 원리가 외환시장에도 그대로 적용되는 것이다.

기업이나 개인은 은행 간 시장에 참여할 수 없다. 단지 은행을 통해 환전할 수 있을 뿐이다. 기업이나 개인은 아무리 많은 외환을 환전해도 환율에 직접적인 영향을 미치지 못한다. 다만 그 환전 수요가 은행을 통해 은행 간 시장에 전달되면서 간접적으로 영향을 미치게 된다. 삼성전자가 은행에 거액의 달러 환전을 요구하면 그 자체로는 환율에 영향이 없지만, 은행이 그 달러를 은행 간 시장에 내놓는 순간 달러 공급이 늘면서 환율이 내려가는 식이다. 반대로 어떤 기업이 은행에 거액의 달러를 구해달라고 요청하면 은행이 요구에 따라 외환시장에서 달러를 구매하게 되고, 이게 외환시장의 수요 증가로 이어지면서 환율이 올라가게 된다.

외환시장은 휴일을 제외한 매일 열린다. 오전 9시에 개장해서 오후

3시 30분에 폐장한다. 개장 시간 동안 환율은 시시각각 변한다. 주가와 비슷하다고 보면 된다. 주가처럼 수급에 따라 환율이 실시간으로 바뀌는 것이다. 개장 시점의 환율을 '시가', 폐장 시점의 환율을 '종가'라고 한다. 주식에 시간 외 거래가 있듯, 외환도 폐장 이후 거래가 가능하다. 그 거래 상황은 다음 날 시가 환율에 반영된다.

또한 '평균 환율'과 '기말 환율'이라는 표현도 있는데 평균 환율은 어떤 기간의 종가를 평균한 것이며 기말 환율은 특정 시점의 종가를 뜻한다. 예를 들어 2019년 기말 환율은 2019년 12월 31일의 종가를 의미하고, 2019년 1분기 기말 환율은 2019년 3월 31일의 종가를 의미한다. 그리고 2019년 평균 환율은 1월 2일부터 12월 31일까지 1년간 매일 결정되는 종가를 평균한 것이다.

도표 2-1 주요 통화의 사고팔 때 환율

통화	환율	현금		송금	
		사실 때	파실 때	보내실 때	받으실 때
미국 달러(USD)	1,185.50	1,206.24	1,164.76	1,197.10	1,173.90
유럽연합 유로(EUR)	1,333.35	1,361.92	1,308.78	1,348.70	1,322.00
일본 엔(JPY, 100엔)	1,095.50	1,114.67	1,076.33	1,106.23	1,084.77
중국 위안(CNY)	171.02	179.57	162.47	172.73	169.31

출처: KEB하나은행(2019년 6월 14일 기준), 단위: 원

요즘 환율 쉬운 경제

20원도 모이면 크다

은행이 기업이나 개인에게 환전해주는 시장을 '대고객 외환시장'이라고 한다. 환전 과정에서 은행은 수수료를 챙긴다. 평소 달러 같은 외환을 보관해두면서 고객이 필요할 때 편의를 제공한 대가인 것이다. 이에 따라 고객이 외환을 '살 때 환율'과 '팔 때 환율'이 달라진다. 시장에서 결정되는 '기준환율'을 말 그대로 기준으로 삼아서 고객이 달러 등 외환을 살 때는 기준환율보다 높게 원화를 받는다. 그만큼 수수료를 챙기는 것이다. 이처럼 고객이 살 때 환율과 기준환율의 차이를 '살 때 수수료'라고 한다. 반대로 고객이 외환을 팔 때는 기준환율보다 싸게 원화를 지급한다. 그만큼 수수료를 챙기는 것이다. 이처럼 기준환율과 고객이 팔 때 환율의 차이를 '팔 때 수수료'라고 한다.

수수료는 달러를 기준으로 20원 정도이다. 살 때 환율은 기준환율보다 20원 높고, 팔 때 환율은 기준환율보다 20원 낮다. 기준환율이 1,000원이면 살 때 환율은 1,020원, 팔 때 환율은 980원 하는 식이다. 은행들은 고객 등급에 따라 수수료를 우대해준다. 수수료 50% 우대는 20원을 10원으로 깎아준다는 뜻이고, 70% 우대는 20원을 6원으로 깎아준다는 뜻이다.

송금이나 예금 등을 하면서 계좌로 환전할 때도 수수료가 붙는다. 내 월급통장에 있는 돈을 계좌상으로 환전해서 미국에 있는 자녀의 통장에 달러를 보내는 경우가 대표적이다. 해외 송금 환율은 은행 창구에서 실물로 환전할 때와 비교하면 수수료가 50% 정도 싸다. 창구에서 1,000원을 내고 1달러를 환전할 때보다 계좌상의 1,000원을 1달러로 바꿔 미국으로 송금할 때 수수료가 50% 낮은 것이다.

환전수수료는 얼핏 작아 보이지만 연간 환전액을 감안하면 은행 입장에서 매우 쏠쏠한 수익이 된다. 시중에서 보기 어려운 통화일수록 수수료가 커진다. 태국 바트화나 브라질 레알화를 환전할 때는 달러보다 높은 수수료가 붙는다.

누가 환율을 춤추게 하는가?
-환율과 외환 수급 요인

이제 본격적으로 환율의 움직임에 대해 알아보자. 외환의 공급이 늘면 가격(환율)이 떨어지고, 외환의 수요가 늘면 가격(환율)이 올라가는 것이 기본적인 시스템이다.

경상수지와 수출입기업의 전망

환율 움직임에 가장 큰 영향을 주는 것은 경상수지이다. 경상수지가 흑자를 기록해 외국에서의 달러 공급이 늘면, 달러의 가격 즉 환율이 떨어진다. 수출기업이 은행에 달러를 갖다 주면서 환전을 요구하면, 은행이 원화로 바꾸기 위해 외환시장에 달러를 내놓으면서 공급이 늘어 달러 가격인 환율이 떨어지는 것이다. 반대로 경상수지가 적자를 기록하면서 달러 공급이 줄어들면 달러가 귀해지면서 달러화 환율이 오른다. 글로벌 금융위기 이후 환율이 지속적으로 하향 안정세를 기록하는 것은 한국 경제가 지속적으로 경상수지 흑자를 기록하고 있는 영향이 크다.

수출기업의 전망도 환율에 영향을 미친다. 만약 앞으로 환율이 계속 하락할 것으로 예상된다면 기업들은 어떻게 해야 할까? 외국으로부터 달러를 받는 대로 은행을 통해 시장에 팔아야 할 것이다. 그러지 않으면 손해를 본다.

일신향업 김수진 대리는 미국에 100만 달러어치 방향제를 수출하고 대금을 송금 받았다. 현재 1,000원인 달러화 환율이 조금 있으면 500원으로 급락할 것으로 예상된다. 김 대리가 지금 100만 달러를 환전하면 10억 원(100만 달러×1,000원)을 확보할 수 있다. 하지만 조금이라도 지체했다가는 환율이 500원으로 급락하면서 5억 원(100만 달러×500원)밖에 건지지 못할지도 모른다. 당연히 김 대리는 즉각 환전을 하려고 할 것이다. 바로 10억 원을 확보해두는 것이다.

이처럼 환율이 떨어질 것으로 예상되거나 실제 떨어지고 있으면 기업은 달러를 받는 대로 은행을 통해 시장에 내다 팔게 된다. 그래야 손해를 막을 수 있기 때문이다. 이와 같은 행위가 한꺼번에 모든 기업에서 나오면 시장에는 달러 매물이 계속 쏟아지고 실제 환율은 급격히 하락하게 된다. 기업의 달러 매도는 시장에 미치는 파급력이 대단

요즘 환율 쉬운 경제

하다. 한국의 하루 외환거래 규모는 2018년 기준 평균 555억 달러로, 삼성전자 같은 수출 대기업의 경우 하루에 최대 수십억 달러를 은행을 통해 시장에 내놓기도 한다. 그러면 시장이 크게 요동치면서 환율이 급락하게 된다.

마찬가지로 수입도 환율하락에 일조한다. 단 수입하는 입장에서는 가급적 늦게 달러를 확보하는 게 유리하다. 시간이 지날수록 달러 구입 부담이 내려가기 때문이다. 환율이 1,000원에서 500원으로 떨어지면 100만 달러를 얻기 위해 마련해야 할 돈이 10억 원에서 5억 원으로 내려간다. 모든 수입기업이 이렇게 생각하면 당장은 달러에 대한 수요가 사라지면서 환율하락이 심화된다. 기업의 행위 하나 하나가 모여 예상이 현실화되는 것이다.

반대로 환율이 오를 것으로 예상되거나 실제 오르고 있다면 수출기업들은 수출하고 받은 달러를 가급적 오래 수중에 쥐고 있으려고 한

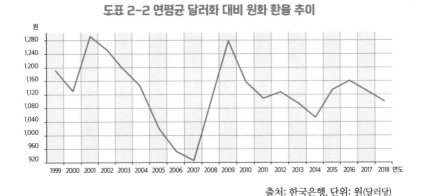

도표 2-2 연평균 달러화 대비 원화 환율 추이

출처: 한국은행, 단위: 원(달러당)

다. 환율이 오른 후 팔면 훨씬 많은 원화를 확보할 수 있기 때문이다. 모든 수출기업이 이런 예상을 하면 아무도 달러를 내놓으려 하지 않게 되어 시중에 달러 부족 현상이 심화되면서 실제로 환율상승세가 가팔라진다.

수입기업은 어떨까? 미국에서 콩을 수입하는 박경민 과장은 환율이 오르거나 오를 것으로 예상된다면 미리 달러를 확보하는 것이 좋다. 가만히 있다가는 앞으로 달러를 구하기 위해 더 많은 돈을 써야 할지도 모르기 때문이다. 회사에 큰 손실이 생기는 것이다. 모든 수입기업이 이런 예상을 한다면 시장에는 지금 바로 달러를 구하려는 경쟁이 벌어지게 되고 이는 달러에 대한 수요를 키우면서 달러 가격 상승, 즉 환율상승을 심화시킨다. 이처럼 환율상승이 예상돼 수입기업이 미리 달러 매수에 나서는 행위를 '리딩(leading)', 환율상승이 예상돼 수출기업이 달러 매도를 미루는 행위를 '래깅(lagging)'이라고 한다.

환율의 움직임에 따라 기업들은 수출입 시점을 조절하기도 한다. 수입기업의 경우 앞으로 환율이 상승해 수입 부담이 늘 것으로 우려되면 미리 더 수입해놓기 위해 수입 시점을 앞당기고, 반대로 환율이 하락해 수입 부담이 줄 것으로 기대되면 환율이 충분히 내린 후 수입하기 위해 수입 시점을 미루게 된다. 반대로 수출기업은 앞으로 환율이 상승해 원화로 환산한 수출 이익이 늘 것으로 기대되면 수출 시점을 미루고, 환율이 하락해 수출 이익이 줄어들 것으로 예상되면 환율이 더 떨어지기 전에 당장 좀 더 수출할 목적으로 수출 시점을 앞당기게 된다. 똑같은 환율 조건에서 수출기업과 수입기업은 서로 반대로 행동하는 것이다. 이처럼 기업들은 수출입 행위뿐만 아니라 환율의 움직임에 대한 예상을 통해서도 환율에 영향을 주게 된다(경상수지와 환율의 관계는 제4장 "1. 삼성전자와 현대자동차가 환율 상황판만 바라보는 이유"에서 자세히 설명하겠다).

은행과 기업들의 해외 차입

국내은행과 차입자들의 행동도 환율에 영향을 미친다. 은행은 누군가로부터 돈을 빌린 뒤 다른 사람에게 빌려줘서 수익을 낸다. 빌린 이자율보다 빌려줄 때 이자율을 더 높게 받아 차익을 챙긴다. 예금자에게서 빌린 돈을 다른 개인이나 기업에게 대출해서 이익을 내는 것이다. 은행이 많은 수익을 내려면 가급적 싸게 자금을 조달해서 보다 높은 금리로 대출해야 한다.

은행에게 해외 차입은 이익 창출의 유용한 통로가 될 수 있다. 달러당 환율이 1,000원에서 1년 뒤 500원으로 떨어질 것으로 예상되는 상황이다. 일신향업이 시설자금이 필요하게 됐다. 거래하던 A은행에 찾아가 1년 만기로 100억 원 대출을 신청한다. 이에 A은행은 돈을 어디서 조달할지 고민한다. 그때 한 직원이 해외에서 돈을 빌려 오자고 아이디어를 낸다. 평소 거래하던 미국 은행에 연락해 1,000만 달러를 빌려 온다. 외환시장에서 1,000만 달러를 100억 원(1,000만 달러 ×1,000원)으로 바꿔 일신향업에 빌려준다. 물론 A은행이 미국 은행에서 빌려 올 때보다 높은 이자율을 일신향업으로부터 받는다. 1년이 지나자 일신향업은 약속대로 A은행에 이자와 함께 원금 100억 원을 상환했다. 이제 A은행은 받은 돈을 외환시장에서 환전해 1,000만 달러를 미국 은행에 갚아주면 된다. 예상대로 실제 환율은 달러당 500원으로 떨어졌고 1,000만 달러를 마련하기 위해 50억 원(500원×1,000만 달러)만 쓰면 된다. 일신향업에서 상환 받은 100억 원 가운데 50억 원만 환전하면 미국 은행에서 빌린 1,000만 달러를 갚아줄 수 있는 것이다. 여기서 남은 50억 원은 고스란히 은행 수익이 된다. 게다가 A은행이 미국 은행에서 돈을 빌릴 때 이자율과 일산향업에 빌려준 이자율의 차이까지 더해지면 은행의 수익은 더욱 커진다. 결국 A은행은 미국 은행에서 돈을 빌려 1년간 기업에 빌려줬을 뿐인데, 중간에서 큰 수익을 남기게 됐다.

이와 같은 행위를 차입자가 직접 할 수도 있다. 은행을 통해 외화로 대출을 받아 운용하다 환율이 떨어지면 외화로 갚는 식이다. 애초 100억 원이 필요했던 일신향업이 100억 원을 대출받는 게 아니라 1,000만 달러 외화대출을 받은 뒤, 100억 원으로 환전해서 시설자금으로 쓰다가 1년 후 50억 원을 1,000만 달러로 환전해 갚는 것이다. 그러면 결과적으로 100억 원을 들여 만들어야 했던 시설을 50억 원으로 만들게 된 셈이다.

요즘 환율 쉬운 경제

이런 기대 때문이 환율이 떨어지거나 떨어질 것으로 예상될 때면 은행과 기업들은 외국에서 외화를 빌려 오는 데 열을 올리게 된다. 그러면 국내에 달러 공급이 더욱 늘면서 환율하락이 배가된다. 도표 2-3을 보면 2002년부터 2007년까지 은행들의 외화 차입이 급증한 것을 볼 수 있다. 환율이 급격히 내려가던 기간과 일치한다. 이후 2008년 금융위기로 큰 충격을 받은 후 외화 차입이 줄어들다가 2016년부터 다시 올라가는 게 보인다. 여기에는 오랫동안 경상수지 흑자를 유지하면서 환율이 꾸준히 하향 안정세를 나타낸 것이 원인 중 하나로 작용했다. 환율이 계속 내려갈 것으로 보고 누군가 다시 본격적으로 외화 차입에 나선 것이다.

그런데 예상과 달리 환율이 상승하면 이런 선택은 큰 손실을 불러올 수 있다. 환율이 1,000원일 때 1,000만 달러를 빌려 100억 원 (1,000원×1,000만 달러)을 썼는데, 갚을 시점에서 환율이 2,000원으

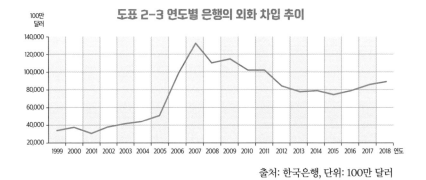

도표 2-3 연도별 은행의 외화 차입 추이

출처: 한국은행, 단위: 100만 달러

로 오르면 1,000만 달러를 마련해 갚아주기 위해 200억 원(2,000원×1,000만 달러)을 마련해야 하는 일이 벌어지는 것이다. 갚아줘야 할 돈이 2배로 늘어나는 것이다. 실제로 2008년 금융위기 영향으로 2008년과 2009년 환율이 크게 오르면서 국내은행과 기업들이 큰 손실을 본 적이 있다. 그 충격으로 겁을 먹은 국내은행들은 한동안 외화 차입을 많이 줄였다. 바로 2008년 이후 외화 차입이 감소한 데에는 이런 배경이 있었다.

2019년 하반기에도 비슷한 일이 재현됐다. 경제 불안으로 인해 환율이 상승세를 보인 것이다. 외화대출의 부담이 커질 수밖에 없다. 그러면 외화대출의 수요가 줄어들고, 그에 따라 해외에서의 달러 공급이 줄면서 달러가 귀해져 환율이 더 오르게 된다. 따라서 2016년과 2018년 사이 외화대출을 많이 받은 주체들의 상환 부담이 커지게 된 것이다(해외 차입과 환율의 관계는 제3장 "1. 2008년 달러 빚 부담이 50%나 급증한 이유"에서 자세히 설명하겠다).

외국인 투자가와 경제 발전

국내외 투자가들도 외환시장에 영향을 미친다. 주식, 채권 등 간접 투자를 하거나 공장을 짓는 등 직접 투자를 하기 위해 국내에 외환을 들여오면 외환 공급이 늘면서 환율이 하락하고, 반대로 국내에 투자했던 돈을 가져가면 외환 수급이 차질을 빚으면서 환율이 상승한다.

투자가들은 적극적으로 환율을 예상한다. 앞으로 환율하락, 즉 원화 강세가 예상되면 국내 자본 유입이 증가한다. 투자가들은 강세가 예상되는 통화를 구입한다. 예를 들어 1년 뒤 환율이 1,000원에서 800원으로 내려갈 것으로 예상된다고 한다. 지금 당장 1달러를 환전하면 1,000원을 얻을 수 있다. 그리고 1년 뒤 환율이 800원으로 내려가면 투자가가 가진 1,000원의 달러 환산 가치는 1.25달러(1,000원÷800원)로 올라간다. 갖고 있는 1,000원을 달러로 환전하면 1.25달러가 되어 최초 투자한 1달러와 비교해 25%의 수익을 내는 것이다. 많은 투자가가 이런 기대를 하게 되면 국내 투자가 늘어난다. 이는 국내에 달러 공급을 늘려 환율을 더욱 떨어뜨린다.

반대로 환율상승, 즉 원화 약세가 예상되는 상황에서 원화에 투자한 사람은 손해를 볼 수 있다. 환율이 1,000원일 때 1달러를 투자해서 1,000원을 확보했는데, 1년 뒤 환율이 1,200원으로 오르면 갖고 있던 1,000원을 달러로 환전했을 때 0.83달러(1,000원÷1,200원)밖에 받지 못해서 최초 투자한 1달러와 비교해 17% 손실을 보게 된다. 이럴 경우엔 한국에 투자한 돈을 회수해서 외국에 투자하는 것이 낫다. 외국으로 달러가 유출되는 것이다. 많은 투자가가 이런 예상을 하면 달러를 활용한 외국에 대한 투자가 증가하는 대신 한국에 대한 투자가 감소하고, 국내 달러 공급이 줄면서 실제 환율이 올라가게 된다.

그뿐만 아니라 국내의 설비투자 활성화도 외환시장에 영향을 준다.

투자를 하기 위해서는 돈이 필요한데 국내에서 돈을 구하기 여의치 않아 외국에서 돈을 빌려 오는 일이 생기게 되면 국내에 외환 공급이 늘면서 환율이 하락하는 것이다.

이밖에 경제가 성장하면서 국내 경제의 세계 경제에 대한 영향력이 커지면 환율이 장기적으로 하락하는 경향이 있다. 경제가 좋아지는 만큼 통화가치도 강해져서 어떤 통화를 대상으로 해도 환율이 떨어지는 것이다. 더 적은 원화로 더 많은 외화를 살 수 있게 되는 것이다. 반대로 경제에 문제가 발생하면 통화가치가 약세를 나타내고 환율이 상승하게 된다.

동전의 양면, 환율과 금리
-환율과 금리의 역학 관계

환율은 각종 경제지표와 영향을 주고받으며 움직이기도 한다. 먼저 금리이다. 둘의 관계는 간단하다. 금리가 오르면 환율은 내려간다. 1 달러당 환율이 1,000원으로 유지될 때, 한국과 미국의 금리가 3%인 상황에서 한국 금리만 5%로 올랐다고 해보자. 미국인 A가 100달러를 한국으로 들여와 10만 원(100달러×1,000원)을 받아서 1년간 예금하면 10만 원이 10만 5,000원이 된다. 이를 달러로 환전하면 105달러. 5%의 수익을 낼 수 있다. 미국에서 투자할 때와 비교하면 2%(2달러)의 수익을 더 낼 수 있다. 이처럼 국내 금리가 오르면 외국으로부터 자금이 유입된다. 그러면 한국 내 달러의 양이 늘면서 달러가 상대적으로 흔해져 달러 가치는 내려가고 원화 가치는 오른다. 즉 환율이 내려가게 된다.

환율이 내려가면 한국에 투자하는 매력은 더욱 커지게 된다. 예를 들어 달러가 계속 유입되면서 1달러당 환율이 1년 뒤 900원으로 떨어졌다고 하겠다. 그러면 미국인 A는 예금해서 돌려받은 10만 5,000원을 달러로 바꾸면 116.67달러(10만 5,000원/900원)를 얻을 수 있다. 환율이 내려가면서 수익률이 6.67%까지 오른 것이다. 미국에 투자할 때와 비교하면 3.67%(6.67%–3%)의 수익을 더 냈다. 금리상승에 환율하락 효과까지 더해지면서 수익률이 더 올라간 것이다.

이렇게 환율하락에 따라 수익률이 더 올라갈 것으로 예상되면 외국으로부터의 자본 유입은 더욱 늘어나게 되고, 환율은 더욱 떨어지게 된다.

그런데 이와 같은 일이 영원히 지속될 수는 없다. 환율하락이 심화되면 수출이 줄고 수입이 늘면서 경상수지의 흑자 폭이 축소되거나 적자로 전환(또는 적자 폭의 확대)하기 때문이다. 경상수지가 적자를 기록한다는 것은 외국과의 거래 관계를 통해 달러가 국외로 빠져나간다는 뜻이다. 이렇게 빠져나가는 달러가 금리 차이 때문에 들어오는 달러보다 많아지면 국내 달러 유통량이 줄어들고, 다시 달러가 상대적으로 귀해지면서 환율이 올라가게 된다. 경제가 원래의 균형으로 돌아가는 것이다.

요약하면 금리가 올라가면 수익률 차이를 노린 달러가 유입되면서 환율이 내려가지만, 이에 따라 경상수지 적자가 발생하면서 환율은 다시 올라가게 된다. 이처럼 경제는 지표끼리 상호작용을 통해 스스

요즘 환율 쉬운 경제

- 금리상승 → 수익 노려 달러 유입 → 달러 유통량 확대 → 환율하락 → 경상수지 적자 / 흑자 축소 → 달러 유통량 축소 → 환율상승

- 금리하락 → 수익 실망해 달러 유출 → 달러 유통량 축소 → 환율상승 → 경상수지 흑자 확대 / 흑자 전환 → 달러 유통량 확대 → 환율하락

로 균형을 찾는 힘을 갖고 있다.

한편 금리가 내려가면 반대의 상황이 펼쳐진다. 한국의 금리가 낮아지면 국내보다는 외국에 투자하는 것이 더 유리해진다. 그러면 기존의 한국에 투자하던 외국인은 물론 내국인까지 원화를 달러로 바꿔 외국에 투자하게 된다. 이렇게 달러가 유출되면, 달러가 상대적으로 귀해지면서 환율이 올라가게 된다. 물론 이 역시 영원히 지속될 수는 없다. 환율이 많이 오르면 수출이 늘고 수입이 줄면서 경상수지의 흑자 폭이 커지거나 적자에서 흑자로 전환(또는 적자 폭의 감소)하게 되기 때문이다. 그러면 국내에 달러 공급량이 늘면서 상대적으로 달러가 흔해져 다시 환율이 내려가게 된다.

요약해보면, 한국의 금리가 올라가면 단기적으로는 환율하락, 장기적으로는 환율상승이 발생한다. 반대로 한국의 금리가 내려가면 단기적으로는 환율상승, 장기적으로는 환율하락이 유발된다.

환율은 경제를 비추는 거울
-물가, 재정적자, 외국 경제 상황의 영향

환율은 금리뿐만 아니라 물가 등 다른 경제 변수와도 영향을 주고 받는다. 환율 움직임에 영향을 주는 변수에 대해 더 알아보자.

물가가 오르면 환율도 오른다

물가와 환율의 상관관계는 금리와 반대이다. 물가가 크게 오르면 환율도 올라간다. 물가가 올라가는 만큼 원화 가치가 떨어지기 때문이다. 예를 들어 어떤 물건 가격이 100만 원에서 200만 원으로 오르면 200만 원의 가치는 예전 100만 원의 가치와 같아진다. 100만 원의 가치는 예전 50만 원의 가치에 불과하다. 그만큼 원화 가치가 떨어진 것이다. 그러면 외국 화폐와 비교해도 가치가 떨어지게 된다. 예전에 1,000원으로 1달러를 살 수 있었다면 이제는 2,000원을 줘야 1달러를 살 수 있는 식이다. 이는 곧 환율상승을 뜻한다. 1달러=1,000원에서 1달러=2,000원으로 환율이 오르는 것과 마찬가지인 것이다. 결국 물가가 오르면 환율도 오른다.

물가가 크게 오를 때는 일반적으로 경기가 좋을 때이다. 경기가 좋으면 수입차 등에 대한 수요가 늘면서 수입이 늘어나게 된다. 수입을 위해서는 달러가 필요하고, 달러 수요가 늘면 달러 가치, 즉 환율이 오르게 된다. 그런데 이와 같은 상황이 언제까지나 지속되지는 않는다. 환율이 올라가면 수출이 늘면서 경상수지의 흑자 폭이 커지거나 적자에서 흑자로 전환(또는 적자 폭의 감소)하기 때문이다. 그러면 국내에 달러 공급량이 늘면서 상대적으로 달러가 흔해져 다시 환율이 내려가게 된다. 이처럼 물가가 올라가면 장기적으론 환율이 다시 내려간다.

한편 물가 또는 물가상승률이 내려가면 반대의 상황이 펼쳐진다. 물가가 안정되면 원화 가치가 올라간다. 그러면 외국 화폐와 비교해도 가치가 올라간다. 이는 곧 환율하락을 뜻한다. 또한 물가상승률이 낮을 때는 일반적으로 경기가 안 좋을 때로, 수입품 수요가 줄고 달러가 덜 필요해지면서 달러 가치, 즉 환율이 내려가게 된다. 이와 같은 상황도 언제까지나 지속되지는 않다. 환율하락이 심화되면 경상수지가 나빠진다. 그러면 국내에 달러 공급량에 문제가 생기면서 달러가 귀해져 환율이 다시 올라간다.

> ● 물가 불안 → 원화 가치 하락 → 환율상승 → 경상수지 흑
>   자 확대 / 흑자 전환 → 달러 유통량 확대 → 환율하락
>
> ● 물가안정 → 원화 가치 상승 → 환율하락 → 경상수지 적
>   자 / 흑자 축소 → 달러 유통량 축소 → 환율상승

재정적자와 환율

금리나 물가가 환율에 서로 영향을 미친다는 사실을 알고 있으면 다른 변수가 환율에 미치는 영향도 더 잘 이해할 수 있다.

예를 들어 재정적자가 갑자기 커졌다고 해보자. 정부가 세금으로 거둬들인 수입보다 훨씬 더 많이 지출하는 상황을 의미한다. 이것이 가능하려면 정부가 채권을 찍어 돈을 끌어모아야 한다. 즉 돈을 빌려서 지출을 해야 하는 것이다. 그러면 시중금리가 올라간다. 정부까지 돈을 빌리는 경쟁에 합류하면서 돈을 융통하는 데 따른 대가로 금리가 올라가는 것이다. 이렇게 금리가 올라가면 (앞장에서 봤듯) 단기적으로 환율이 내려가고, 장기적으로는 경상수지 적자를 유발하면서 다시 환율이 올라간다. 요약하면 재정적자는 금리상승으로 이어지면서 단기적으로 환율하락, 장기적으로 환율상승을 유발한다.

금리와 물가에 대한 '예상'이 환율에 영향을 미치기도 한다. 금리가 곧 내려갈 것으로 예측되면, 금리하락에 따른 환율상승 예상이 시장

요즘 환율 쉬운 경제

에 바로 반영되면서 단기적으로 환율이 바로 오르는 식이다. 예상이 현실로 즉각 반영되는 것이다. 금융시장이 실시간 움직이기 때문에 벌어지는 현상이다.

외국 경제 상황과 환율

외국의 경제 상황 변화도 환율에 영향을 미친다. 미국의 기준금리가 올라갔다고 하자. 그러면 미국으로 자금이 몰린다. 미국의 수익률이 더 높으니 미국으로 자금이 옮겨가는 것이다. 그러면 한국에서 달러가 귀해지면서 환율이 올라가게 된다. 그러다 장기적으로는 환율 상승으로 한국의 경상수지가 개선되면서 다시 환율이 내려가게 된다. 미국의 금리인상은 한국의 금리인상으로도 이어진다. 여유자금이 있는 투자가들이 미국으로만 몰리면 국내에서 돈이 필요한 사람은 돈을 구하기 어려워진다. 그렇기 때문에 보다 높은 금리를 제시해야 미국에 투자하려던 사람 중 일부에게서 돈을 구할 수 있다. 이런 움직임이 국내 금리인상으로 이어지는 것이다.

반대로 미국의 기준금리가 내려가면 미국으로부터 자금이 빠져나가고 그 가운데 일부가 한국에 들어오면서 달러가 상대적으로 흔해져 환율이 내려가게 된다. 이후 장기적으로는 경상수지가 악화되면서 환율이 다시 올라가게 된다. 미국의 금리인하는 한국의 금리인하로도 이어진다. 미국의 금리가 내려가면서 상대적으로 금리가 높은 한국으로 투자가 몰리면, 국내에서 돈이 필요한 사람은 돈을 구하기 용이해진다. 그러면 예전보다 낮은 금리를 제시해도 돈을 구할 수 있다. 이런 움직임이 국내 금리인하로 이어지는 것이다.

그뿐만 아니라 외국의 재정적자도 환율에 영향을 미친다. 예를 들어 미국의 재정적자 문제가 심화되면 미국의 금리가 올라간다. 그러면 단기적으로 환율상승, 장기적으로 환율하락이 발생한다. 또한 미국의 물가가 올라가면 미국의 화폐, 즉 달러 가치 떨어지면서 상대적으로 원화 가치가 올라가는 환율하락이 발생하고, 이후 장기적으로는 한국의 경상수지 적자가 유발되면서 다시 환율이 올라가게 된다. 국가 간 자본 이동이 자유롭기 때문에 이와 같은 일이 순식간에 일어난다. 여러 나라에 투자하는 투자은행이 미국의 기준금리인하에 따라 동시에 미국 채권을 팔고, 상대적으로 금리가 높은 한국 채권을 사는 식이다. 그러면 한국으로 달러가 들어오면서 환율이 내려간다.

글로벌 달러 강세 여부도 중요한 변수이다. 글로벌 경제위기가 예상돼 안전자산인 달러에 대해 수요가 몰리는 등의 상황이 발생하면, 달러의 몸값이 올라가는 글로벌 달러 강세 현상이 벌어진다. 그러면 각국에서 달러화 환율이 올라가게 된다. 반대로 전 세계적으로 달러 유통량이 크게 늘면, 달러 몸값이 내려가는 글로벌 달러 약세 현상이 벌어진다. 그러면 각국에서 달러화 환율이 내려가게 된다.

지금까지 환율에 영향을 미치는 요소들을 알아봤다. 종합하면 금리

요즘 환율 쉬운 경제

- 미국의 금리인상 → 미국으로 자금 유입 → 국내 달러 감소 → 달러 가치 상승 → 환율 및 금리상승 → 경상수지 흑자 확대 / 흑자 전환 → 달러 유통량 확대 → 환율하락
- 미국의 물가상승 → 달러 가치 하락 → 환율하락 → 경상수지 적자 / 흑자 축소 → 달러 유통량 축소 → 환율상승

상승, 물가안정, 기업들의 환율하락 예상, 해외 차입 증가, 외국인의 투자 증대, 국내 원화 유동성 감소, 재정적자 완화, 외국의 금리인하, 외국의 재정적자 문제 완화, 글로벌 달러 약세 등은 환율하락을 유발한다. 이후 환율하락은 경상수지 악화로 이어져 장기적으로는 환율상승으로 이어진다. 반대로 금리하락, 물가 불안, 기업들의 환율상승 예상, 해외 차입 감소, 외국인의 투자 감소, 국내 원화 유동성 증가, 재정적자 심화, 외국의 금리인상, 외국의 재정적자 문제 심화, 글로벌 달러 강세 등은 환율상승을 유발한다. 이후 환율상승은 경상수지 개선으로 이어져 장기적으로는 환율하락으로 이어진다.

이렇게 다양한 요소가 환율에 영향을 미치는 만큼 환율이 어떻게 변화할지 예측하려면 여러 경제지표의 동향을 고루 살펴야 할 것이다.

외환시장의 엿장수
외환딜러
-환투자, 아비트리지

지금까지 소개한 환율의 변화는 '자연스러운' 것이다. 경제지표 변화에 따라 외환의 수급이 변하고, 그에 따라 환율이 움직이는 것이다. 하지만 이게 전부가 아니다. 환율을 '인위적으로' 움직일 수도 있다. 은행이 수익을 낼 목적으로 하는 외환거래가 그 원천이다. 은행들은 각종 경제 변수를 관찰해서 환율이 오를지 내릴지 예상한 후 특정 방향으로 베팅을 한다. 이게 들어맞으면 큰 이익을 낼 수 있는데, 이 행위가 환율에 인위적인 변화를 가져오게 된다. 환율의 변화 요인 중 마지막으로 외환딜러의 환투자에 대해 알아보겠다.

전 세계 외환거래의 97%는 투기성 거래

A은행은 일주일 뒤 환율이 1,000원에서 1,200원으로 상승할 것이라고 예상한다. 이 예상에 따라 달러를 사 모은다. 100억 원을 투입해 1,000원의 환율로 1,000만 달러(100억 원×1,000원)를 사 모았다. 일주일 후 예상대로 환율이 1,200원으로 올랐다. 이때 1,000만 달러를 외환시장에 내다 팔면, 120억 원(1,000만 달러×1,200원)을 확보할 수 있다. 투자한 100억 원과 비교하면 일주일 사이 20억 원을 벌어들이는 것이다.

반대로 B은행은 일주일 뒤 환율이 1,000원에서 800원으로 하락할 것이라고 예상한다. 갖고 있는 1,000만 달러를 팔아야겠다고 결정한다. 1,000만 달러를 1,000원의 환율로 팔면 100억 원(1,000만 달러× 1,000원)을 확보할 수 있다. 일주일 후 예상대로 환율이 800원으로 떨어졌다. 확보한 100억 원으로 달러를 사면 1,250만 달러(100억 원× 800원)를 얻을 수 있다. 원래 갖고 있던 1,000만 달러와 비교하면 일주일 사이 250만 달러를 벌어들이는 것이다.

두 상황 모두 환율에 대한 예상이 들어맞으면서 거액을 벌게 된 것이다. 주가가 오를 것 같아 미리 주식을 사뒀다가 오른 후 팔아서 이익을 내는 것과 비슷하다. 이런 거래를 위해 은행들은 '딜링룸(dealing room)'이라는 것을 만들어서 환투자를 적극적으로 하고 있다. 환투자를 전담하는 직원을 '외환딜러'라고 한다. 외환딜러는 환율에 영향을 끼치는 여러 요인을 감안해서 환율을 예상한 뒤 적절한 때 외환을 사고팔아 이익을 낸다.

그런데 딜러들이 항상 맞는 것은 아니다. 예상이 틀릴 경우 거액의 손실을 볼 수 있다. 환율이 1,000원에서 1,200원으로 상승할 것이라고 예상해 100억 원을 투입해 1,000만 달러를 사 모았는데, 실제로는 환율이 800원으로 떨어지면 1,000만 달러의 가치는 80억 원(1,000만 달러×800억 원)에 불과해진다. 20억 원의 손실을 보는 것이다. 또 환율이 1,000원에서 800원으로 떨어질 것이라 예상해 1,000만 달러를 팔아 100억 원을 확보했는데 반대로 환율이 2,000원으로 오르면 100억 원의 달러 환산 가치는 500만 달러(100억 원×2,000원)에 불과해진다. 원래 갖고 있던 1,000만 달러와 비교하면 500만 달러 손실을 보는 것이다. 이처럼 환투자는 예상이 맞으면 큰 이익을 낼 수 있지만, 조금이라도 틀릴 경우 거액의 손실을 보게 된다.

그래서 환투자는 투기 행위에 가깝다. 그것도 매우 짧은 시간 내 하는 초단타 투기이다. 거액의 달러를 매수했다가 환율이 오르면 몇 분, 심지어는 몇 초 만에 팔아치우기도 한다. 이때 예상이 빗나가면 큰 손실을 보게 된다. 달러를 1,200원의 환율로 매입했는데 갑자기 환율이 1,000원 정도로 떨어진 후, 오랜 기간 1,200원의 환율로 복귀하지 않는 식이다. 그러면 달러당 200원의 손실을 봐야 한다. 이와 같은 점에서 환투자는 주식 투자와 성격이 비슷하다. 환율이 쌀 때 사서 비쌀 때 팔면 큰 이익을 볼 수 있지만, 사자마자 환율이 계속 떨어지면 큰

요즘 환율 쉬운 경제

손실을 봐야 한다.

환율을 정확하게 예측할 수 있으면 손해를 원천 차단하고 항상 이익을 볼 수 있다. 하지만 환율을 정확히 예측하는 건 불가능하다. 경상수지, 금리 등의 지표를 보고 환율을 예측했는데, 갑자기 돌발 상황이 발생해 모든 지표가 바뀌면서 기존 예측이 헛것이 되는 식이다. 그래서 '환율은 예측과는 딴판으로 움직일 때가 많으니 환율 예상은 부질없다'라고 지적하는 의견이 많다. 경제학은 이를 '랜덤워크(random walk)' 상황이라 부른다. 술에 취한 사람이 이리저리 비틀거리는 것처럼 환율이 어느 쪽으로 방향을 잡을지 예측하기 어려운 상황을 가리키는 말이다. 잘못된 판단을 했다가는 언제든 회복하기 어려운 지경으로 고꾸라질 수 있는 것이다.

특히 환투자는 기본적으로 '제로섬' 게임의 성격을 갖고 있다. 누군가 돈을 벌었다면 다른 누군가는 손해를 봐야 한다. '돈 놓고 돈 먹는' 즉 내가 돈을 벌기 위해서는 누군가로부터 돈을 빼앗아 와야 하는 비정한 투기장이 되는 것이다. 오늘은 내가 벌었다 해도, 내일은 다른 사람이 벌면서 내가 큰 손실을 볼 수 있다.

미국 경제가 망했는데 달러는 고공행진하는 이유

환투자에는 환율을 왜곡시키기는 문제도 있다. 예를 들어 한 딜러가 환율상승을 예상해 달러를 사 모으기 시작했는데, 모든 딜러가 이와 같은 예상을 하게 됐다고 해보자. 그러면 외환시장에서는 달러 매수세만 나오면서 달러의 가격, 즉 환율상승세가 무척 가팔라진다. 수출기업들이 수출대금을 원화로 바꾸고, 수입기업들이 수입대금을 마련하기 위해 달러를 사 모으는 실수요 거래만 존재한다면 환율 움직임은 훨씬 덜할 수 있다. 하지만 여기에 투기적 거래가 가세하면서 환율 변동성이 매우 커진다. 특히 한 방향으로 외환거래가 과해지면 시장 불안이 매우 커질 수 있다. 주택 시장에 실수요 외에 투기적 수요가 가세하면서 집값 상승이 가속화되는 경우와 비슷하다.

투기적 외환거래는 비단 한국만의 일이 아니다. 한 연구 결과에 따르면 2018년 전 세계 외환거래량의 97% 이상이 투기적 거래로 구성됐다고 한다. 실물 경제 필요상 거래된 비율은 고작 3%에 불과했던 것이다. 환율은 결국 실수요보다는 투기적인 힘에 의해 결정된다고 볼 수 있다.

2008년 미국발 금융위기에도 불구하고 달러가 강세를 보인 현상의 요인을 투기적 거래로 설명할 수 있다. 미국에서 금융위기가 발생했다면 달러화의 가치는 떨어져야 하는 것이 맞다. 경제가 불안하니 이 경제에서 통용되는 화폐가치가 떨어져야 하는 것이다. 하지만 달러는 세계 최강대국의 화폐이고, 결국 그 가치가 다시 오를 것이라는 예상이 확산되면서 달러를 미리 확보해두자는 투기적 거래가 형성된 것이다. 그렇게 달러 수요가 늘면서 금융위기에도 불구하고 달러화의

요즘 환율 쉬운 경제

가치는 오히려 강세를 보였다.

도표 2-4는 1유로당 달러 환율을 보여주고 있다. 즉 1유로를 사는 데 필요한 달러를 나타내는 것이다. 낮을수록 더 적은 달러를 주고 유로를 살 수 있다는 뜻이니, 1유로당 달러 환율이 낮을수록 달러 가치가 높은 것이다. 글로벌 금융위기가 2008년 8월 발생해서 2008년 말 그 충격이 가장 컸는데, 이때 1유로당 달러 환율이 가장 낮은 걸 볼 수 있다. 달러 가치가 매우 높게 형성된 것이다. 투자가들이 미국발 금융위기에도 불구하고 달러화를 선호하면서 나타난 현상이다.

이와 같은 사례들 때문에 외환딜러들은 환율을 예측할 때 경상수지와 같은 외환 실수요에 영향을 미치는 요소 외에 투기적 거래도 함께 고려한다. 환율을 나름 최대한 정확하게 예측하기 위해 모든 변수를 다 고려해보는 것이다. 이 전망에 기반해 딜러들은 각자 외환을 사고 팔면서 궁극적으로 환율에 영향을 끼친다. 현재 환율이 높은 수준이라는 판단이 들면 앞으로 환율이 떨어질 것을 예상해 달러를 내다 파

도표 2-4 금융위기 전후 유로화 대비 달러화 환율 추이

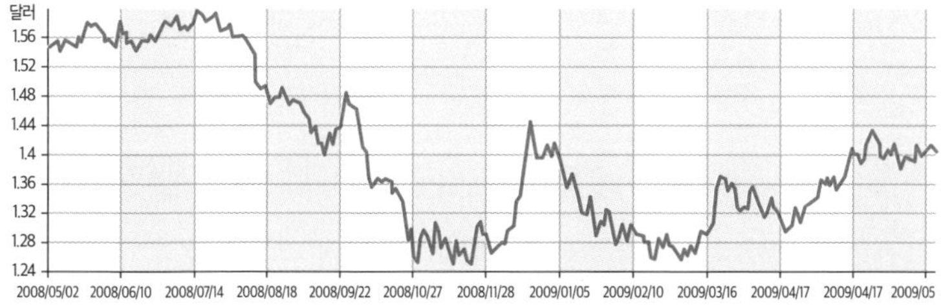

출처: 유럽 중앙은행, 단위: 달러(유로당)

는 식이다. 이런 달러 매도세가 많이 나오면 달러가 흔해지면서 실제로 환율이 내려간다.

외환시장의 규모를 키우는 외환거래

지금까지 내용만 보면 외환딜러들의 환투자가 매우 부정적으로 보인다. 그러나 무조건 비판적으로 볼 필요는 없다. 외환시장의 규모를 키워 시장을 활성화시키는 이점도 있기 때문이다. 실수요에 의한 외환거래만 있다면 외환거래량은 확 줄어들게 된다. 연구 결과대로 외환거래의 97% 이상이 투기적 거래라면, 투기적 거래가 없을 경우 외환시장은 지금의 3% 수준으로 쪼그라든다. 이처럼 시장이 작아지면 약간의 자극으로도 시장은 큰 충격을 받을 수 있다. 삼성전자가 수출 대금을 조금만 시장에 내놓아도 환율이 급격히 하락하는 등 충격이 발생하는 식이다. 비록 투기적 거래에 의한 것이라 하더라도 시장이 충분한 규모를 형성하고 있다면 일부 기업의 행위 정도는 시장에 흡수되면서 충격을 피할 수 있다. 단 외환시장의 참가자들이 한쪽 방향으로 쏠리는 것만 제어할 수 있다면 외환시장 그 자체는 충분한 규모를 형성하고 있는 것이 좋다. 그래야 외환시장을 궁극적으로 안정시키면서 충분한 외환 수급 상황을 만들 수 있기 때문이다.

한국은 안정적인 외환시장의 필요성이 매우 큰 나라이다. 수출입

요즘 환율 쉬운 경제

의존도가 높아서 환율 급변의 충격이 다른 나라보다 훨씬 크기 때문이다. 가급적 외환시장 규모를 키워 특정 기업의 영향력을 줄일 필요가 있다. 주식의 거래 규모가 충분히 커져야 시장이 활기를 띠고 발전하는 것과 비슷하다고 보면 된다.

외환시장 규모는 '서울외국환중개' 등의 중개회사를 거쳐 은행끼리 거래하는 현물 거래 규모로 추산한다. 한국의 외환시장 규모는 평시 하루 100억 달러 내외 수준이다. 여기에 선물환 등 각종 환 관련 파생상품을 더하면 200억 달러가 넘는다(선물환에 대해서는 나중에 자세히 설명하겠다). 그러다 경제위기가 오면 거래량이 뚝 떨어진다. 글로벌 금융위기 때인 2008년 4분기 하루 평균 거래량은 38억 달러에 불과했다. 달러 부족 때문이었다. 달러 부족이 심화되면 환율이 급등하고, 이후에도 환율이 지속적으로 오를 것으로 예상돼 아무도 달러를 내놓지 않는다. 나중에 파는 게 훨씬 이익이기 때문이다. 따라서 거래량이 급감하게 된다. 외환시장이 작을 때는 수억 달러 수준인 일부 기업의 달러 매도에 따라 시장이 크게 출렁일 수 있다. 그뿐만 아니라 환차익

도표 2-5 연도별 하루 평균 외환거래량

연도	일평균 외환거래량
2016년	102.7
2017년	91.2
2018년	97.8

출처: 한국은행, 단위: 억 달러

을 노린 투기 세력에도 취약할 수밖에 없다. 하지만 외환시장이 커지면 이런 위험이 줄어들고, 환율안정에 큰 도움이 된다. 일정 수준의 거래로는 시장이 흔들리지 않기 때문이다. 외환시장이 커질수록 시장을 움직이기 위해 필요한 자금도 증가하면서 투기 공격이 어려워지는 것이다. 또한 시장 확대는 원화의 국제화 및 외환시장 선진화에도 도움이 된다. 다만 시장에 쏠림 현상이 나타나지 않도록 적절히 제어하는 노력이 반드시 필요하다.

시장 안정성을 높이는 재정거래

투기적 거래는 그 자체로도 외환시장 안정에 도움을 줄 때가 있다. 예를 들어 환율이 크게 내려갈 가능성이 있는 상황에서 딜러들이 이를 예상해 미리 순차적으로 달러를 팔면 환율이 서서히 내려가면서 한 번에 크게 내려가는 것을 막을 수 있다. 환율이 갑자기 크게 움직이면 시장에 큰 충격이 올 수 있는데, 딜러들의 행위에 따라 환율이 서서히 내려가면서 충격이 줄어드는 것이다. 딜러들이 실제 환율 변화에 앞서 미리 달러를 매도하거나 매수하면 환율이 급변하지 않고 서서히 변화하는데, 이는 딜러들이 시장 안정에 도움을 주는 것으로 평가할 수 있다.

이와 같은 딜러들의 행위를 '아비트리지(arbitrage, 재정거래)'라고 한

요즘 환율 쉬운 경제

다. 예상되거나 실제 벌어지고 있는 경제지표의 흐름을 이용해 안전하게 수익을 추구하는 행위를 뜻한다. 미국이 한국보다 금리가 높으면 한국에서 돈을 빼 미국에 투자해 금리 차익을 노리는 행위도 아비트리지의 일종이다. 이것이 활성화되면 전 세계 투자 지표가 균일해지는 효과가 발생한다. 미국의 금리가 높아서 미국에 대한 투자가 늘면 미국 내 돈이 흔해지면서 보다 낮은 금리로 돈을 빌릴 수 있게 되고, 전반적으로 미국의 금리가 내려가서 한국의 금리와 비슷해지는 식이다. 아비트리지는 전반적인 시장 지표를 균일하게 만들면서 시장 안정성을 높이는 역할을 한다.

환율을 예상해 미리 외환을 사고파는 딜러들의 행위도 아비트리지에 해당하고 평시에 시장 안정에 많은 도움을 준다. 환율이 갑자기 크게 떨어졌을 때 과도하다는 판단이 들면 딜러들은 앞으로 환율상승을 예상해서 달러를 매집하게 된다. 그러면 실제 환율이 오르면서 시장이 균형을 찾게 된다. 아비트리지 행위로 인해 시장이 안정되는 것이다. 하지만 경제가 급속도로 위기에 빠질 때는 모든 딜러들이 한꺼번에 달러 확보 경쟁에 나서면서 환율이 큰 폭으로 상승하는 식의 일이 벌어지기도 한다. 여러 딜러들의 행위가 한 방향으로 집중되면서 시장 불안을 급속도로 심화시키는 것이다. 이런 일이 발생할 때는 정부가 외환딜러들을 일정 부분 통제할 필요가 있다.

한국 외환시장 발전은 대외거래 증가와 관련이 깊다. 수출입이 늘어날수록 달러를 원화로 바꾸거나 원화를 달러로 바꾸는 수요가 늘면서 시장이 활성화되는 것이다. 한국의 연간 대외거래 규모는 매년 두 자릿수의 대외거래 성장률을 기록하면서 1조 달러를 넘어서고 있다. 이에 따라 외환시장은 앞으로도 계속 커질 가능성이 크다. 이런 성장세를 계속 유지해야 한다. 그래야 시장이 충분히 커지면서 외환시장의 안정성이 높아질 수 있다.

더불어 앞으로 원화 가치의 향방은 경제 상황에 달려있다고 할 수 있다. 펀더멘탈(Fundamental, 경제 기초)에 큰 문제없이 안정적인 성장을 유지하면 환율이 하향 안정세를 보이겠지만, 경기침체 심화로 경제 불안이 심화되면 외국인의 자금 이탈 등이 발생하면서 환율이 큰 폭의 오름세를 기록할 가능성이 있다. 여기에 투기 거래가 가세하면 움직임이 보다 심화될 수 있다. 외환 당국의 꾸준한 시장 안정 노력이 필요하겠다.

경제가 어려울 때 힘이 되는 유연한 환율 지식

환율을 점치고 싶다면 1월을 보라

손쉽게 환율을 예상하는 방법을 하나 알려주겠다. 간단하다. 1월 환율을 보면 된다. '말이 돼?'라며 의심하겠지만 외환시장에서는 꽤나 신빙성 높은 방법 중 하나라고 한다. 2018년을 예로 들어보자. 2018년 1월 기말 환율(1월 마지막 날의 종가 환율)은 1,071.5원으로 한 달 전인 2017년 12월 말 1,071.4원보다 아주 미미한 폭이지만 0.1원 올랐다. 2018년 말 환율을 볼까? 1,118원으로 연초와 비교하면 40원 이상 올랐다. 1월 환율이 소폭이나마 올랐더니 그해 전체적으로도 환율이 오른 것이다.

이처럼 1월 환율은 그해 전체 환율을 나타내는 경우가 많다. 1월 환율이 상승세면 그해 전체적으로 환율이 상승세를 보이고, 1월 환율이 하락세면 전체적으로 환율이 하락세를 보이는 것이다. 외환시장은 이를 '1월 효과'라고 부른다.

2018년 이전을 보더라도 1월 효과는 대체로 들어맞았다. 1998년, 2003년, 2009년 등 예외가 있긴 하지만, 이때는 모두 금융위기를 겪은 해라는 공통점이 있다. 위기 때는 경제 변수들이 예측할 수 없이 움직이기 때문에 1월 효과도 들어맞지 않았던 것이다. 이와 같은 예외 상황만 아니라면 1월 환율 흐름이 대체로 전체 환율 흐름으로 이어진다.

왜 그럴까? 1월에는 그해의 경제에 대한 기대가 각종 경제지표로 나타난다. 그해 경제가 좋을 것 같으면 투자가 심리가 개선돼 주가가 올라가는 식이다. 환율도 마찬가지이다. 그해 경제가 좋을 것으로 기대되면 통화가치가 오를 것으로 예상돼 1월부터 환율이 내려간다. 반대로 경제가 좋지 못할 것으로 예상되면 통화가치가 내려갈 것으로 예상돼 1월부터 환율이 올라간다. 그래서 환율 예측이 어렵다면 1월 환율 동향을 먼저 살펴보는 것도 좋은 방법이다. 경제에 큰 위기만 없다면 대체로 맞힐 수 있을 테니 말이다.

제3장

환율과
외화부채

2008년 달러 빚 부담이
50%나 급증한 이유
-외화자금시장

100만 달러가 필요한 기업이 있다고 하자. 여기에는 두 가지 방법이 있다. 갖고 있는 원화를 은행에서 환전하는 것이다. 원화가 없다면 은행에서 외화대출을 받아야 하는데, 환전과는 개념과 방식이 다르다. 이 장에서는 외화대출이 이뤄지는 '외화자금시장'에 대해 좀 더 자세히 알아보도록 하자.

외화유동성과 외화자금시장

외화자금시장의 개념은 외환시장과 구분해서 이해하면 쉽다. 외환시장은 은행과 기관투자가끼리 원화와 달러화 등 서로 다른 통화를

요즘 환율 쉬운 경제

거래하는 시장이다. 달러를 주고 원화를 사거나 원화를 주고 달러를 사는 등 거래가 이뤄지는 시장이다. 여기서 환율이 결정된다. 달러를 사려는 수요가 많으면 환율이 오르고, 달러 공급이 늘면 환율이 떨어지는 것이다. 수출기업들이 수출해서 받은 달러를 은행에 환전해달라고 요청하면 은행은 외환시장에서 달러를 원화로 바꿔 환전해준다.

반면 외화자금시장은 달러를 빌리고 빌려주는 시장이다. 환전이 아니라 대차 거래가 이뤄지는 시장이다. 이 시장에서 흘러 다니는 자금을 '외화유동성'이라 부른다. 유동성을 공급하는 측은 주로 외국은행의 국내지점들이다. 줄여서 '외은지점'이라고 한다. HSBC, 골드만삭스, JP모건 등 외국계 회사들의 국내 지점을 의미한다. 외은지점은 해외 본사에서 자금을 끌어와 한국 외화자금시장에 달러를 공급한다. 이 시장에서 달러를 빌려 가는 쪽은 주로 국내은행이다. 기업을 대신해 달러를 빌려서 필요한 기업에게 대출하는 것이다. 기업이 직접 외화유동성 시장에 참여하는 데는 제약이 많고 번거롭기 때문에 은행이 기업을 대신해 돈을 빌려서 기업에게 대출해주는 것이다.

외화자금시장의 거래 결과는 환율에 '직접적인' 영향을 미치지는 못한다. 환율이 결정되려면 달러와 원화 사이의 거래가 있어야 하는데, 외화자금시장에서는 달러 자체를 주고받는 거래만 일어나기 때문이다. '직접적인' 거래 결과는 금리로 나타난다. 달러를 구하려는 수요가 많은데 달러 유동성이 부족하면 달러를 빌리기 위한 금리가 올라가고, 달러 공급이 많은데 빌리겠다는 수요가 별로 없으면 금리가 내려가는 식이다.

외화자금시장의 영향은 간접적

외화자금시장의 환율에 대한 영향은 간접적이다. 외화자금시장에 달러 공급이 늘면 공급액 상당수는 외환시장으로 들어온다. 달러 대출이 원화 대출보다 금리가 훨씬 낮은 상황을 가정해보자. 시설자금이 필요해진 기업은 은행에 달러 대출을 요청한다. 금리가 매우 낮아 원화 대출을 받는 것보다 유리하기 때문이다. 그러면 은행은 외화자금시장에서 달러를 빌려서 기업에 대출해준다. 기업은 다시 시설자금으로 쓰기 위해 은행에 환전을 요청한다. 달러로 시설자금을 결제할 수는 없기 때문이다. 은행은 외환시장에서 달러를 원화로 바꿔 기업에 공급한다. 바로 이 단계에서 외화자금시장으로부터 들어온 달러가 외환시장에 풀리게 된다. 외환시장에 달러 공급이 늘어나는 것이다. 이는 곧 환율하락을 유발한다. 외화자금시장의 달러 유동성 증가가 외환시장의 환율하락으로 이어지는 것이다.

반대로 외화자금시장에서 달러 유동성이 부족하면 외환시장에서 환전을 통해 달러를 구하겠다는 수요가 늘게 되고 이게 달러 가치를 상대적으로 높임으로써 환율상승을 촉발한다. 외화자금시장의 달러 유동성 부족이 외환시장의 환율상승으로 이어지는 것이다. 그래서

환율이 어떻게 움직일지, 경제가 얼마나 안정적으로 움직일지 등을
예측하기 위해서는 외환시장의 환율 동향 외에 외화자금시장의 유동
성 상황도 살펴야 한다.

위기를 심화시키는 외화 빚

2008년 금융위기 직전 상황을 보면 외화자금시장의 환율에 대한
영향력을 잘 알 수 있다. 당시 한국의 은행들은 외국은행들로부터 막
대한 외화 빚을 지고 있었다. 외화자금시장에서 외화유동성을 적극
유치한 결과였다. 2008년 말 한국의 유동외채(향후 1년간 갚아야 하는
외채)는 1,939억 6,000만 달러에 달했다. 원화로 환산하면 200조 원
이 넘는 금액으로 당시 한국 GDP와 비교하면 20% 이상, 외환보유고

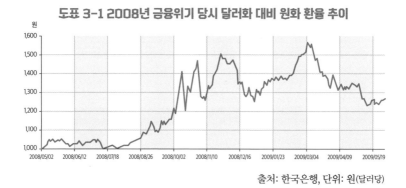

도표 3-1 2008년 금융위기 당시 달러화 대비 원화 환율 추이

출처: 한국은행, 단위: 원(달러당)

와 비교하면 96.4% 수준에 달했다. 외국 금리가 더 낮은 데다 지속적으로 환율이 하향 안정세를 유지하면서 외화 빚이 국내 대출보다 부담이 낮아졌기 때문에 빚어진 결과였다.

하지만 빚은 빚이다. 금융위기가 발생하자 막대한 외화 빚은 외환 상황을 극도로 경색시키는 결과를 가져왔다. 글로벌 금융위기로 스스로 다급해진 외국인 투자가들이 현금을 확보하기 위해 국내은행과 기업들에게 빚을 상환해달라고 요구하기 시작한 것이다. 그러자 국내은행과 기업들은 다급하게 달러 확보에 나섰다. 이렇게 모두가 외화자금시장에서 달러 구하기에 나서자 제때 확보가 어려워졌고, 그 결과가 외환시장에서 달러 가치, 즉 환율 급등으로 나타났다. 당시 외국인들이 국내에서 빚을 상환 받아 유출한 현황을 보면 2008년 9월부터 12월까지만 1,000억 달러에 이르렀다. 그러면서 한때 환율은 달러당 1,500원 수준까지 치솟았다.

환율 급등은 채무 상환 부담을 더욱 키운다. 달러당 1,000원일 때 100만 달러 빚은 10억 원이지만, 1,500원일 때는 15억 원에 이른다. 이때 외화 빚 만기를 맞은 기업들은 대거 파산할 수밖에 없었다. 그러자 외국인 투자가들은 다른 한국 기업과 은행들도 달러 빚을 갚기 어렵게 될 것이라 예상했고, 더욱 거세게 채무 상환을 압박하는 악순환이 벌어지고 말았다. 그러면서 다시 외환위기가 올지도 모른다는 위기감까지 생겨났다.

이후 위기는 한국은행과 정부가 막대한 외환보유고를 풀고, 미국

요즘 환율 쉬운 경제

중앙은행으로부터 유사 시 거액의 달러를 공급받는 약속을 맺은 뒤에야 겨우 진정될 수 있었다. 2008년 글로벌 금융위기 때 환율 급등의 배경에는 이처럼 과도한 외화 빚이 자리하고 있었다. 그래서 외환시장 안정의 제1요건은 적절한 외채 관리이다.

리얼머니와 환율

'리얼머니'도 주목해야 한다. 장기 투자 목적으로 한국의 주식, 채권 등에 투자된 외국인 자금을 의미한다. 리얼머니 투자를 하는 외국인들은 중장기 수익률을 예상해 투자를 한다. 그래서 움직임이 무겁다. 규모도 수시로 왔다 갔다 하는 자금과는 달리 비교할 수 없이 크다. 이와 같은 투자액은 한번 유출입 방향이 결정되면 지속성을 보여준다. 그리고 한번 빠져나가면 좀처럼 쉽게 돌아오지 않는다. 딜러들의 달러 매도매수나 단기 이익을 노리면서 외환시장을 왔다 갔다 하는 수준의 자금과는 근본적으로 성격이 다른 것이다.

리얼머니는 예상보다 현상에 주목한다. 현재 환율이 계속 급등하고 있는 걸 확인되면 빠져나가는 식이다. 예를 들어 삼성전자 주식을 10억 원어치 갖고 있는 외국인 입장에서 환율이 1,000원에서 2,000원으로 오르면, 10억 원어치 주식의 달러 환산 가격은 100만 달러(10억원÷1,000원)에서 50만 달러(10억 원÷2,000원)로 추락한다. 환율이 오르고 있어서 이런 일이 예상되는 순간 리얼머니는 대규모로 이탈하게 된다. 그러면 외환시장은 큰 충격을 받는다. 딜러들만 일방향으로 움직였을 때와는 비교할 수 없을 정도로, 길고 지속적이며 심각한 불안 상태로 빠져들게 된다. 리얼머니는 예상보다는 현상에 따라 움직이기 때문에 시장이 확실한 안정을 찾기 전에는 돌아오지 않는다. 이때는 리얼머니 귀환을 위한 정부의 적극적인 노력이 필요하다. 그렇게 시장이 안정돼 리얼머니가 본격적으로 복귀하게 되면 시장은 장기적으로 안정 상태에 접어들 수 있다.

요즘 환율 쉬운 경제

삼성전자 계좌에 달러가
쌓여 있는데 은행이
외화 빛을 내는 아이러니
-차환율, 순대외채권

외채 관리가 잘되고 있는지 알려주는 지표들이 있다. 대표적인 것이 은행의 차입 조건이다. 이는 한국의 은행들이 외국에서 돈을 빌릴 때 그 조건이 얼마나 유리한지 또는 불리한지 살펴보는 것이다. 외채 관리가 잘되고 있을수록 차입 조건이 우량해진다. 차입 조건으로는 차환율, 가산금리, 만기 등이 있다.

만기 연장 비율을 알려주는 차환율

'차환율'은 외채 가운데 만기 연장이 되는 외채의 비율을 의미한다. 만기 연장은 부채 만기가 돌아왔을 때 '지금 당장 갚지 않고 3개월 후에 갚겠다'라는 식으로 상환 기간을 연장하는 것을 뜻한다. 만기를 연장할 때는 시장 상황에 따라 기존 계약과 비교해 금리가 바뀔 수 있다. 차환율은 월, 분기, 연간 등으로 수치가 나온다. 예를 들어 2019년 4월 차환율이 90%라면, 한국의 은행들이 2019년 4월 안으로 갚아야 하는 외화 채무 가운데 90%가 만기 연장됐다는 의미이다.

은행들은 한번 외화 빚을 내면 지속적으로 만기가 돌아올 때마다 만기 연장을 하는 편이다. 은행은 고객 환전이나 기업 외화대출 등을 위해 일정 수준 이상의 외환을 항상 확보해두어야 한다. 원활하게 만기 연장이 되지 않으면 필요한 부분을 메우기 위해 다른 곳에서 새로 외화대출을 내야 한다. 무척 번거로운 일이다. 그래서 한번 낸 외화 빚에 대해선 만기가 돌아올 때마다 지속적으로 만기 연장을 요청한다.

만기 연장은 전적으로 돈을 빌려준 외국은행에 달려 있다. 국내은행들의 상황이 좋으면 만기 연장을 잘해주겠지만, 국내은행들의 사정이 나빠져서 돈을 못 받을 가능성이 커지면 만기 연장을 해주지 않는다. 그래서 만기 연장 비율, 즉 차환율이 떨어질수록 현재 외환 사정이 좋지 않다고 해석할 수 있다. 글로벌 금융위기가 정점에 이르렀던 2008년 4분기 차환율은 50.1%에 불과했다. 2008년 4분기에 만기가 돌아온 외화 채무 가운데 50.1%만 만기 연장이 이뤄졌다는 의미이다. 보통 80%를 훌쩍 넘는 것과 비교하면 무척 낮은 수준이다. 이렇게 만기 연장이 잘되지 않으면서 국내은행들은 외화난에 시달렸

요즘 환율 쉬운 경제

고, 환율 급등과 위환위기설을 불러왔다. 그래서 일반적으로 차환율이 높을수록 좋다고 볼 수 있다.

다만 너무 높아도 문제가 될 수 있다. 차환율이 심지어 100%를 넘어설 때가 있다. 만기를 연장하면서 대출액을 늘린 경우이다. 예를 들어 A은행이 미국의 B은행으로부터 빌린 100만 달러를 3월에 갚아야 하는데, 이 채무 만기를 1년 연장하면서 금액을 150만 달러로 늘린 것이다. 많은 은행이 이렇게 하면 차환율은 100%를 넘어서게 된다. 이럴 때는 차환율이 높다고 무조건 좋아할 것이 아니라 입체적인 해석이 필요하다. 차환율이 100%를 넘어설 정도라면 은행들이 과도하게 외화 빚을 내면서 거품이 형성되고 있는 것으로 볼 수 있기 때문이다. 따라서 차환율이 너무 높을 때는 오히려 다소 떨어지는 게 좋은 상황일 수도 있다.

한편 은행들의 외환 사정이 좋아져서(수출기업으로부터 외화 유입 등) 기존의 외화 빚에 대해 만기 연장을 요청할 필요 없이 상환하게 된다면 차환율이 떨어지게 된다. 시장 상황이 좋아지는 것이다. 이밖에 만기가 짧은 단기외채의 차환율이 떨어지고 장기외채의 차환율이 올라갈 경우, 은행들이 상대적으로 안정성이 떨어지는 단기외채를 갚으면서 안정성이 높은 장기외채 비중을 늘리고 있다는 뜻이 되기 때문에 국내의 외환 사정이 개선되고 있다고 해석할 수 있다.

만기, 금리, 크레디트라인

외환시장 안정성을 보여주는 지표에는 이외에도 여러 가지가 있다. 우선 만기는 길수록 좋다. 글로벌 금융위기가 와도 외채 만기가 길어서 당장 갚아야 할 외채가 별로 없으면 안정적으로 위기를 버텨낼 수 있다. 외채 만기가 길다는 것은 외국은행이 한국에 오랫동안 안심하고 돈을 빌려주고 있다는 뜻이다. 따라서 평균 외채 만기가 길어진다면 시장 상황이 좋은 것으로 해석할 수 있다. 그렇지 않고 외채 만기가 짧아질 때는 시장 상황이 부정적일 가능성이 높다. 상황이 아주 안 좋으면 은행들은 빌린 다음 날 갚아야 하는 빚까지 내는데, 이를 '오버나이트(over night) 채권'이라고 한다. 글로벌 금융위기 당시 많은 은행들이 오버나이트 채권에 의존한 바 있다. 개인으로 치면 당장 급전에 의지하는 경우로 볼 수 있다.

금리도 중요한 지표이다. 당연히 낮을수록 좋다. 2019년 6월 기준 국내은행들의 단기외채 평균 가산금리(차입 스프레드)는 연 0.3%포인트 수준이다. 이는 국내은행들이 평균적으로 국제 통용 기준금리(미국 국채 금리 등)에 0.3%포인트만 더한 금리에 돈을 빌려 쓰고 있다는 뜻이다. 위기 때는 연 10%포인트를 넘나들기도 하는데, 지금은 무척 낮아진 수준이다. 그만큼 시장이 안정돼 있다는 뜻이다.

누가 은행에 외화를 빌려주는지도 중요하다. 한국 상황을 우려하는 외국인이 늘면서 이들이 국내은행에 돈을 빌려주려 하지 않는다면,

요즘 환율 쉬운 경제

한국은행이나 정부가 대신 빌려줄 수밖에 없다. 외화자금시장에서 외국은행을 대신해 정부가 빌려주는 것이다. 안 좋은 상황이라고 해석할 수 있다.

'크레디트라인(credit line)'으로도 외환 사정을 알 수 있다. 크레디트라인은 국내은행과 협약을 맺은 외국은행이 국내은행에 설정해주는 것으로, 최대 얼마까지 돈을 빌려줄 수 있다는 일종의 약속을 뜻한다. 예를 들어 한국의 A은행이 미국의 B은행으로부터 2억 달러어치 크레디트라인을 받으면 요청 시 언제든 최대 2억 달러까지 빌릴 수 있다. 구체적인 대출 요건은 협상에 따라 결정된다. 이와 같은 크레디트라인이 축소되고 있으면 국내 외화유동성 상황이 악화되고 있는 것으로 볼 수 있다. 외국은행이 한국 상황을 충분히 믿지 못하겠다는 뜻이기 때문이다. 그뿐만 아니라 국내 상황이 어려울 것으로 예상되면 외국은행들은 국내 지점에 대한 외환 배정을 줄이는데, 이 동향으로 앞으로의 외화유동성 상황을 예측해볼 수 있다.

시장 안정의 보루, 순대외채권

순대외채권을 보는 것도 방법이다. 한국의 기업과 은행 중에는 외화유동성이 좋아 외국에 돈을 빌려주는 경우도 많다. 이렇게 빌려준 돈의 합계를 '대외채권'이라고 한다. 여기에는 수출기업들이 외국에 투자한 돈도 포함돼 있다. 이렇게 한국이 전체적으로 외국에 투자한 돈에서, 외국으로부터 빌린 돈을 빼면 '순대외채권'이 나온다. 이게 클수록 건전하다고 할 수 있다. 국가 전체적으로 보면 빌려준 돈을 돌려받아 빌린 돈을 갚을 수 있는 상황이기 때문이다. 한국처럼 소규모 개방경제는 순대외채권이 매우 여유로워야 한다. 그래야 수시로 들고 나는 외국 자본의 유출입에 충분히 대응할 수 있다. 한국은 경제성장을 외채에 의존하던 1990년대까지 순대외채권이 마이너스를 기록했다. 외국에 투자한 돈으로, 외국에서 빌린 돈을 갚을 수 없는 상황이었다. 그 문제가 매우 심각해지다가 결국 1997년 외환위기를 맞았다. 다행히 외환위기를 겪고 난 지금은 경상수지 흑자가 지속적으로 쌓이면서, 순대외채권에 여유가 많이 생긴 상황이다.

여기서 드는 의문 하나. 도표 3-2에서 보듯 순대외채권이 많아졌는데, 왜 위기 때마다 외채 때문에 어려움을 겪는 걸까? 외채를 내지 않고 삼성 같은 데서 달러를 빌려다 쓰면 되지 않을까? 삼성은 글로벌 금융위기에도 상환 요구를 하지 않을 텐데 말이다. 하지만 삼성 같은 글로벌 기업은 외국 공장 건설 등의 수요 때문에 일정 수준의 달러를 확보하고 있어야 한다. 이자 수익을 바라고 쌓아두는 돈이 아니다. 해외 현지 판매업체, 협력업체에 대한 채권도 있다. 부동산 같은 자산 형태로 소유하는 부분도 많다. 이게 순대외채권으로 표시된다. 해외 사업과 관련해 필요한 돈으로, 국내에 빌려줄 수 있는 돈이 아닌 것이다. 결국 외화자금이 필요한 은행이나 기업은 외국에서 빌릴 수밖에

도표 3-2 연도별 순대외채권 추이

연도	순대외채권
1994년	-166
1995년	-230
1996년	-414
1997년	-637
1998년	-305
1999년	-16
2000년	249.0
2001년	406.3
2002년	511.7
2003년	882.1
2004년	1,386.6
2005년	1,545.1
2006년	1,486.4
2007년	757.2
2008년	246.4
2009년	704.8
2010년	946.7
2011년	986.3
2012년	1,296.5
2013년	1,853.8
2014년	2,538.8
2015년	3,244.5
2016년	3,992.2
2017년	4,653.7
2018년	4,674.6

출처: 한국은행, 단위: 억 달러

없다. 더구나 외국 금리가 매우 낮을 때는 국내 대출 대신 해외 대출에 의존하는 일도 벌어진다. 그러면서 외채가 급증하곤 한다. 그래도 순대외채권이 많으면 여유가 생긴다. 외환 사정이 어려워질 때, 정부가 한국 기업에 부탁하면 해외 투자 자산을 국내로 들여와 외환 사정 개선에 일조할 수 있기 때문이다.

한국은 2008년 금융위기 때 외화유동성 상황을 알려주는 여러 지표들이 좋지 않아서 큰 고초를 겪었다. 자금이 빠져나가면서 위기가 왔고, 그에 따라 지표도 나빠지면서 더 많은 자금이 빠져나가는 악순환에 빠졌던 것이다. 재발하지 않도록 각종 지표를 항상 건전하게 관리해야 하겠다.

코로나19로 가장 큰 영향을 받은 건 신흥국 통화

2020년 세계를 강타한 코로나19 사태로 가장 크게 흔들린 통화는 남미 등 신흥국 통화들이다. 허약한 경제가 코로나19 사태에 따른 경기침체로 직격탄을 맞으면서 통화가치가 급락한 것이다. 2020년 들어 6월까지 아르헨티나, 레바논, 에콰도르 등 3국이 디폴트를 선언했다. 채무를 못 갚겠다고 선언한 것이다.

이에 대해 아직 시작일 뿐이라는 지적이 많다. 세계적인 신용평가 회사 피치(Fitch Ratings)는 2020년 하반기 디폴트 선언이 사상 최대를 기록할 것으로 예측했다. 신흥국의 가장 큰 위험 요인은 유럽과 미국에 비해 시기는 늦었지만 정도가 더 심한 코로나19의 확산세이다. 예를 들어 2020년 5월 24일 남미의 하루 신규 확진자는 2만 6,874명이었다. 같은 날 북미(2만 5,508명)와 유럽(1만 5,849명)의 신규 확진자 수를 넘어섰다. 2020년 5월 기준 브라질과 페루의 경우 코로나19로 인한 사망자가 2주마다 2배로 늘어났는데, 미국과 영국이 2개월 만에 사망자가 2배로 증가한 것과 비교하면 엄청난 속도다. 페루와 칠레는 2020년 6월 기준 인구 300명당 1명꼴로 코로나19에 감염된 것으로 조사됐다.

이와 같은 코로나19 쇼크에 따른 신흥국의 자금 유출액은 2020년 6월까지 1,000억 달러로 2008년 이후 최대치를 기록했다. 그에 따라 각 신흥국들의 통화가치는 급락하고 있다. 터키, 남아공 등은 부채 증가 문제까지 불거지면서 통화가치가 30% 이상 하락했다. 환율이 급등한 것이다.

실물 위기가 겹치면서 당분간 신흥국들의 통화 약세는 계속될 것으로 보인다. 국제통화기금(IMF)에 따르면 중남미의 올해 경제성장률 전망치는 −5.2%에 불과하다. 실업 사태로 중남미에서 2,900만 명이 빈곤층에 새로 진입할 것이라는 전망도 있다.

신흥국이 디폴트에 빠지면서 환율이 급등하는 일은 이전에도 여러 차례 있었다. 1994년 멕시코 외환위기, 1997년 한국 등 아시아 금융위기, 1998년 러시아 디폴트, 2002년 브라질 디폴트 위기 등이 대표적이다. 가장 극단적인 사례는 아르헨티나이다. 아르헨티나는 1827년부터 2014년까지 무려 8번 디폴트에 빠졌다가 2020년 9번째 디폴트를 선언했다.

요즘 환율 쉬운 경제

제4장

환율과
거시경제

삼성전자와 현대자동차가
환율 상황판만 바라보는 이유
-환율과 경상수지

거시경제적으로 환율을 주시하는 것은 환율의 경상수지에 대한 영향력이 절대적이기 때문이다. 잠깐이라도 경상수지 적자가 났다가는 '수출로 먹고사는 나라가 망하게 생겼다'며 난리가 난다. 경상수지 흑자는 물가안정, 고용 확대와 더불어 정부의 3대 경제정책 목표 중 하나로 꼽을 수 있다. 수출을 늘리는 과정에서 추가 생산이 유발되면 경제성장과 일자리 증대로 이어진다. 수출로 번 외화를 해외에 투자하면 국부를 키울 수 있고, 외환 사정이 풍요로워지면서 외환위기를 사전에 방어할 수 있다.

반대로 경상수지 적자는 외채의 증가를 의미한다. 수입을 늘리기 위해서는 부족한 달러를 어디선가 빌려야 하고 이게 빚이 된다. 외채에는 달러이자를 지급해야 하고, 그 이자만큼 경상수지가 추가로 악

요즘 환율 쉬운 경제

화되는 악순환이 벌어진다. 결국 외환위기로 이어질 수 있다. 이런 일을 막으려면 반드시 일정 수준 이상의 경상수지 흑자를 유지해야 한다. 경상수지와 환율의 관계에 대해 알아보자.

환율하락은 경상수지 적자 유발

경상수지는 상품수지와 서비스수지로 구성된다. 상품수지는 휴대폰 같은 상품의 수출입 결과를 의미한다. 콘테이너선으로 실어 나르는 것들이다. 서비스수지는 서비스업의 수출입 결과를 의미한다. 외국인이 한국 기업이나 사람에게서 어떤 서비스를 받고 돈을 쓰면 서비스 수출이고, 반대로 내국인이 외국 기업이나 사람에게서 서비스를 받고 돈을 쓰면 서비스 수입에 해당한다.

먼저 상품수지에 대해 알아보겠다. 1달러당 환율이 1,000원이라고 가정해보자. 삼성전자가 500달러짜리 휴대폰을 1개 수출하면 50만 원(500달러×1,000원)을 벌 수 있다. 그러다 환율이 1달러당 500원으로 떨어졌다. 그럼 500달러짜리 휴대폰 하나를 수출해도 25만 원(500달러×500원)밖에 받지 못한다. 원화로 환산한 수출대금이 절반으로 줄어드는 것이다. 휴대폰의 원가를 40만 원이라고 해보자. 환율이 1,000원일 때는 수출로 50만 원을 받아 10만 원의 이익을 볼 수 있었다. 하지만 환율이 500원으로 떨어지면 25만 원밖에 받지 못해 원가

40만 원을 감안하면 15만 원의 손해를 봐야 한다.

그렇다면 삼성전자의 선택은 한 가지이다. 수출로 손해를 볼 수는 없으니 달러 표시 가격을 올리는 것이다. 삼성전자가 휴대폰을 수출해 딴 손해를 보지 않는 수준, 즉 40만 원을 받기 위해서는 달러 표시 가격을 800달러로 올려야 한다. 그래야 원가인 40만 원(800달러×500원)을 벌 수 있다. 하지만 이렇게 달러 표시 가격을 인상하면 삼성전자 휴대폰의 국제경쟁력은 추락할 수밖에 없다. 세계 경쟁이 치열한 상황에서 달러 표시 가격이 500달러에서 800달러로 오르면 소비자들로부터 외면 받을 수밖에 없는 것이다. 결국 판매는 급감하고 수출 실적은 곤두박질치고 말 것이다.

세계 시장에서 경쟁력을 인정받은 삼성전자 휴대폰은 그나마 사정이 낫다. 가격을 올려도 꾸준한 수요가 있기 때문에 아예 판매를 하지 못하는 일은 벌어지지 않는다. 하지만 세계 시장에서 치열한 가격 경쟁을 벌이는 제품들은 큰 타격을 입게 된다. 현대자동차가 대표적이다. 일본의 자동차 등과 치열한 경쟁을 벌이는 현대차의 달러 표시 가격이 환율하락의 영향을 받아 어느 날 갑자기 크게 오르면 판매에 큰 차질이 발생하게 된다. 한국 수출품 대부분이 이런 상황에 놓여 있다. 환율하락에 따라 달러 표시 가격이 오르면 수출이 크게 감소하는 것이다.

환율하락은 수익성 악화로도 이어진다. 환율이 1,000원에서 500원으로 떨어지면서 삼성전자가 휴대폰 가격을 500달러에서 800달러로 올렸다 하더라도 원화로 환산한 가격은 50만 원(500달러×1,000원)에서 40만 원(800달러×500원)으로 떨어진다. 40만 원이면 딱 원가 수준밖에 안 돼서 이익이 없게 된다. 기존에는 10만 원(50만 원−40만 원)의 이익을 봤는데 이익을 전혀 내지 못하는 것이다. 예전과 같은 이익을 내기 위해서는 휴대폰 가격을 1,000달러로 올려야 한다. 그래야 원화로 환산해 50만 원(1,000달러×500원)을 받을 수 있다. 하지만 이는 극히 어려운 일이다. 갑자기 휴대폰 가격이 2배로 올라버리면 누가 사겠는가? 결국 같은 이익이 보장되도록 달러 표시 가격을 올리기는 어렵고 수익성이 악화될 수밖에 없다.

상황이 더 안 좋은 경우도 있다. 장기공급계약을 맺어둔 경우이다. 계약 기간 동안에는 달러 표시 가격을 올릴 수 없어 계약이 만료될 때까지 약속한 가격으로 계속 물건을 공급해야 한다. 환율이 1,000원에서 500원으로 떨어졌는데도 휴대폰을 계속 500달러에 수출해야 하는 경우이다. 이와 같은 상황이라면 수출을 중단하는 것이 낫지만 신용도를 고려해 울며 겨자 먹기로 수출하는 경우가 많다.

다만 다른 방법이 없는 것은 아니다. 수출로 받은 달러를 바로 환전하지 않고 가지고 있다가 환율이 정상 수준으로 오르고 난 후에 환전하는 식이다. 하지만 이는 자금에 여유가 있는 기업에게나 가능한 방법이다. 대부분의 기업은 당장 원자재를 확보하고 월급을 주기 위해 지속적으로 자금이 필요하다. 결국 수출대금을 환전하는 과정에서 손해를 볼 수밖에 없다. 이런 손해가 커지면 수출이 줄어들게 된다.

도표 4-1 연도별 경상수지 추이

연도	경상수지
2013년	772.6
2014년	830.3
2015년	1,051.2
2016년	979.2
2017년	752.3
2018년	764.1

출처: 한국은행, 단위: 억 달러

한편 수입기업들은 반대로 사정이 좋아진다. 환율이 1,000원에서 500원으로 떨어지면 1달러짜리 물건을 수입해 오기 위해 준비해야 하는 돈이 1,000원에서 500원으로 줄어든다. 이에 더 수입해 올 여력이 생긴다. 환율이 1,000원에서 500원으로 떨어진 후에도 똑같이 1,000원을 수입하는 데 쓰면 1달러짜리 물건을 2개 수입해 올 수 있다. 나아가 환율이 낮을 때 미리 재고를 쌓아두자는 생각으로 예전보다 수입액을 더 늘리게 된다. 2,000원을 써서 1달러짜리 물건 4개를 수입해 오는 식이다. 그러면 수입이 크게 늘어나게 된다.

수출은 줄어들고 수입은 늘어난다. 결과는 한 가지이다. 경상수지가 악화된다. 예외인 경우가 있긴 하다. 환율이 1,000원일 때 100달러짜리 휴대폰을 하나 수출해서 1배럴에 50달러 하는 원유를 2배럴 수입해 오고 있다고 가정해보자. 이 경우 수출액(100달러×1)과 수입액(50달러×2)은 정확히 일치한다. 즉 경상수지 균형 상태이다. 이런 상황에서 환율이 달러당 1,000원에서 500원으로 떨어졌다고 해보자. 휴대폰 수출기업이 환율이 1,000원일 때 벌던 원화 환산 수입 10만 원(100달러×1,000원)을 맞추려면 휴대폰 가격을 200달러로 올려야 한다. 그래야 환율 500원을 곱해 10만 원을 벌 수 있다. 그렇게 해서 수출에 성공하면 200달러를 가져오게 된다.

반면 원유 수입기업은 환율하락으로 부담이 줄었음에도 수입 물량을 늘리지 않았다고 해보자. 국내 수요가 정확히 2배럴이기 때문이다. 그러면 수입액은 달러 기준 100달러로 그대로 유지된다. 수출액 200달러와 비교하면 100달러 흑자이다. 환율하락에도 불구하고 경상수지가 개선되는 것이다. 다소 극단적인 예로 설명했으나 현실에서 환율이 소폭으로 떨어질 때 이런 일이 생기기도 한다. 수출기업들이 달러 표시 가격을 소폭 올렸는데 수출 물량이 별로 줄지 않고, 국내 수요에 한계가 있어서 수입이 별로 늘지 않으면, 환율하락에도 불구하고 경상수지 흑자 폭이 커지는 것이다.

하지만 이와 같은 사례는 말 그대로 예외인 경우이다. 환율이 내려가면 대개는 수출이 줄고 수입이 늘어 경상수지가 악화된다. 그러면 국민소득 감소가 불가피하다. 이는 소비 침체로 이어지고, 소비 침체는 곧 기업들의 생산 의욕을 꺾어 투자 부진을 유발한다. 결국 총체적인 경기침체가 발생할 수 있다. 그래서 정부는 환율하락을 최대한 방어하려고 노력한다.

다만 경제는 장기적으로는 균형으로 돌아가려는 본능이 있다. 경상수지가 악화되면 달러가 귀해지면서 달러의 가치, 즉 환율이 결국엔 다시 올라가는 것이다. 환율이 하락해서 경상수지가 악화됐는데, 이로 인해 환율이 다시 올라가는 것이다. 환율이 다시 오르기까지는 시간이 걸릴 수 있고 그사이 경기침체 고통이 발생할 수 있기 때문에 정부는 환율하락을 미연에 방지하고자 노력하는 것이다.

- 환율하락 → 수출품 달러 표시 가격 상승, 수입기업들의 수입 부담 감소 → 수출 감소, 수입 증가 → 경상수지 악화 → 달러 가치 상승 → 환율상승
- 환율상승 → 수출품 달러 표시 가격 하락, 수입기업들의 수입 부담 증가 → 수출 증가, 수입 감소 → 경상수지 개선 → 달러 가치 하락 → 환율하락

환율상승은 수출기업의 수익성 개선으로 연결

환율이 상승하면 정반대의 일이 벌어진다. 환율이 1달러당 1,000원에서 2,000원으로 올랐다고 해보자. 그럼 삼성전자는 500달러짜리 휴대폰을 하나 수출해 50만 원(500달러×1,000원)을 벌던 상황에서 100만 원(500달러×2,000원)을 버는 상황으로 바뀐다. 이익도 커진다. 제조원가 40만 원을 감안하면 기존 10만 원(50만 원-40만 원)에서 60만 원(100만 원-40만 원)으로 이익이 크게 늘어난다. 삼성전자 입장에

서는 무척 행복한 상황이다.

이때 삼성전자는 2가지의 선택을 할 수 있다. 첫째는 달러 표시 가격을 500달러로 유지해서 원화 환산 가격을 기존 50만 원에서 100만 원으로 올리는 것이다. 그러면 '이익'을 10만 원에서 60만 원으로 늘릴 수 있다. 둘째는 휴대폰 가격을 250달러로 낮추는 것이다. 환율이 2,000원으로 올랐으니 가격을 250달러로 낮춰도 예전과 같은 50만 원(250달러×2,000원)의 원화 환산 가격을 받을 수 있다. 대신 달러 가격이 내려갔으니 '수출 물량'을 늘릴 수 있다.

정리하면 이익을 늘리느냐, 수출 물량을 늘리느냐의 선택이다. 대개는 중간 지점을 선택한다. 휴대폰 가격을 250달러와 500달러 중간 지점으로 설정하는 것이다. 예를 들어 400달러로 설정한다면 삼성전자는 휴대폰 하나를 수출해 80만 원(400달러×2,000원)의 원화 환산 가격을 받을 수 있다. 여기서 원가 40만 원을 제하면 40만 원의 이익을 남기게 된다. 예전의 가격 50만 원, 이익 10만 원과 비교하면 크게 개선된 것이다. 그뿐만 아니라 달러 표시 가격이 기존 500달러에서 400달러로 내려간 만큼 수출 물량도 늘릴 수 있다. 이익과 수출 물량이 모두 늘어나는 것이다.

이때 최고의 중간 지점은 매출과 이익이 극대화되는 지점이다. 달러 표시 가격을 내리면 수출 물량이 늘어난다. 다만 가격을 너무 내리면 물량이 많이 늘어도 대당 이익이 줄면서 오히려 손해를 볼 수 있다. 기업들은 정밀한 계산을 통해 이익이 극대화되는 지점을 찾는다.

도표 4-2 금융위기 전후 경상수지 추이

연도	경상수지
2006년	20.9
2007년	104.7
2008년	17.5
2009년	330.9
2010년	279.5
2011년	166.4
2012년	487.9

출처: 한국은행, 단위: 억 달러

그렇게 해서 최종 가격이 나오면 대당 이익 개선 효과를 계산할 수 있고, 여기에 수출량 증가분을 곱하면 기업 전체 수익성 개선 효과를 계산할 수 있다. 환율상승 폭이 클수록 수익성 개선 효과도 클 것이다.

반면 수입기업들은 상황이 악화된다. 환율이 1,000원에서 2,000원으로 오르면 1달러짜리 물건을 수입해 오기 위해 준비해야 하는 돈이 1,000원에서 2,000원으로 늘어난다. 이렇게 수입 부담이 늘면 수입을 줄이게 된다. 아니면 수입 후 국내 판매가격을 올려야 한다. 그러면 수요가 줄면서 결국 수입이 줄어든다.

수출은 증가하는데, 수입은 감소한다. 결과는 자명하다. 경상수지가 개선되는 것이다. 2009년이 대표적이다. 글로벌 금융위기 영향으로 환율이 크게 오르면서 삼성전자 등 수출기업들은 수익성이 개선되고 수출액이 크게 늘어난 반면, 수입기업들은 수입을 줄이면서 경상수지가 크게 개선된 바 있다. 이렇게 들어온 달러는 위기 극복에 크게

요즘 환율 쉬운 경제

기여했다.

환율상승 때도 마찬가지로 경제는 장기적으로 균형으로 돌아가려는 본능이 있다. 경상수지가 개선되면 달러가 상대적으로 흔해지면서 달러의 가치, 즉 환율이 결국에는 다시 내려가는 것이다. 환율이 상승해서 경상수지가 개선됐는데, 이로 인해 환율이 다시 내려가는 것이다. 2010년대 중후반 경상수지 흑자가 오래 누적되면서 환율이 장기적으로 하향 안정된 때가 대표적이다.

경상수지의 일시적 악화, J커브 효과

환율이 올라갔는데 경상수지가 악화되는 경우가 있다. 상식에 반하는 현상이다. 왜 이런 일이 일어나는 걸까?

환율이 1,000원에서 2,000원으로 올랐다고 해보자. 이에 삼성전자는 휴대폰 수출 가격을 500달러에서 400달러로 낮췄다. 그래도 삼성전자는 원화 환산 기준으로 50만 원(500달러×1,000원)을 벌던 상황에서 80만 원(400달러×2,000원)을 버는 상황으로 바뀌니 훨씬 이익이다. 달러 표시 가격을 내린 건 수출 물량 증대를 위해서였다. 그러면 가격 인하에도 불구하고 수출총액과 기업 이익은 더 커지게 될 것이다.

그런데 가격인하가 물량 증대로 이어지기 위해서는 새로운 계약을 체결해야 하는 등 다소간의 시간이 필요하다. 그 기간 동안 수출금액은 가격인하에 따라 500달러에서 400달러로 내려가게 되고, 결국 달러 기준 수출대금이 감소할 수 있다.

비슷한 논리로 수입대금도 일정기간 그대로이다. 50달러에 수입해 오던 원유를 환율이 올라 원화 환산 부담이 늘었다고 해서, 계약 기간 중에 마음대로 원유 수입 가격을 깎을 수 없다. 이에 수입대금은 그대로 유지된다. 수입대금을 줄이기 위해서는 수입 물량 자체를 줄여야 하는데, 새로운 계약을 맺을 때까지 당분간은 약속한 물량을 계속 수입해야 한다. 매일 원유 2배럴씩 6개월간 수입하기로 계약한 상황이라면 그대로 이행해야 하는 것이다. 아니면 피해 보상을 해야 한다.

지급할 수입대금은 그대로인데 수출총액은 줄었다. 결과는 어떨까? 당연히 경상수지가 악화된다. 이런 상황이 개선되려면 수출품 달러 표시 가격의 인하로 수출 물량이 늘고, 수입 부담 증가로 수입 물량 감소가 나타나야 한다. 하지만 이렇게 되기까지는 어느 정도 시간이 소요되고 일시적으로 경상수지가 악화될 수 있다.

또한 환율이 계속 올라가는 추세일 때 일부 수출기업은 수출을 늦추려 한다. 환율이 충분히 오른 후 수출할수록 유리하기 때문이다. 반면 수입업자들은 수입을 앞당긴다. 환율이 더 오르기 전 수입해 오기 위해서이다. 앞서 환율 변화에 따라 수출입 일정을 앞당기는 것을 리딩, 늦추는 것을 래깅이라고 했다. 환율의 지속적인 상승이 예상되면서 수입기업의 리딩, 수출기업의 래깅이 발생하여 일시적으로 수입이 증가하고 수출이 감소한다. 이로 인해서도 경상수지가 일시적으로 악화될 수 있다.

　다만 일시적인 악화 가능성만 벗어나면 환율상승은 무조건 경상수지 개선으로 이어진다. 이로 인해 기업의 수익성이 개선되면 국민소득이 증가하고 소비가 증가하면서 경기가 개선될 수 있다. 결과적으로 환율이 상승하면 일시적으로 경상수지가 적자를 기록하다가(또는 흑자 폭이 감소하다가) 시간이 흐르면서 경상수지가 흑자를 기록(또는 흑자 폭이 증가)하는 현상이 벌어질 수 있다. 이를 'J커브 효과'라고 한다. 수지가 일시적으로 악화되다가 장기적으로 개선되는 모습을 대문자 J에 빗대어 표현한 것이다.

　한편 환율과 경상수지의 관계는 기업 주가에 영향을 주기도 한다. 환율이 상승할 때는 삼성전자, 현대자동차 등 수출기업의 주가가 오르고 원자재 수입에 의존하는 한국전력공사, 한국가스공사 등 수입기업의 주가는 내려가는 식이다. 반대로 환율이 하락할 때는 수출기업의 주가가 내려가고 수입기업의 주가는 오른다. 이와 같은 등식이 항상 성립하는 것은 아니지만 다른 변수가 없다면 대개는 잘 들어맞으니 참고하면 좋다.

2008년 명동을 점령했던
일본인들의 비결
-환율과 서비스수지

이번에는 서비스수지에 대해서 살펴보겠다. 대표적인 경우가 의료, 관광, 유학, 법률이다. 예를 들어 중국인이 한국에 와서 성형수술을 받으면 서비스 수출이고, 반대로 한국 사람이 유럽 여행을 가서 호텔, 식당 등에서 결제하면 서비스 수입에 해당한다.

환율이 하락하면 서비스 수입이 늘어난다. 외화 지출 부담이 낮아지기 때문이다. 달러당 환율이 1,000원에서 500원으로 내려가면 여행 경비를 1,000달러로 잡은 사람의 부담이 100만 원(1,000달러 × 1,000원)에서 50만 원(1,000달러 × 500원)으로 줄어든다. 반값으로 여행할 수 있는 것이다. 그러면 여행이 수월해지면서 여행을 가겠다는 사람이나 횟수가 늘게 된다. 그뿐만 아니라 100만 원을 환전했을 때 은행에서 받는 돈이 기존 1,000달러(100만 원 ÷ 1,000원)에서 2,000달러

(100만 원÷500원)로 늘어난다. 그만큼 씀씀이를 키울 수 있다. 외국에서 4성급 호텔을 이용하던 사람이 5성급 호텔을 이용하고, 안 하던 명품 쇼핑도 하는 식이다. 그러면 달러 지출이 늘어난다.

반면 한국으로 여행을 오는 외국인은 환율이 1,000원일 때는 1,000달러를 100만 원(1,000원×1,000달러)으로 환전할 수 있었지만, 환율이 500원으로 떨어지면 같은 100만 원을 마련하기 위해서는 2,000달러(100만 원÷500원)가 필요해진다. 여행 부담이 2배로 늘어나는 것이다. 그러면 외국인들은 한국 여행을 기피하게 되고 한국에 와서도 씀씀이가 줄어든다.

의료, 교육, 법률 등 다른 서비스도 마찬가지이다. 환율이 하락하면 내국인은 환전 부담이 줄면서 해외 의료, 교육, 법률 소비를 늘리게 된다. 반대로 외국인은 환전 부담이 늘면서 한국에서의 의료, 교육, 법률 소비를 줄이게 된다. 요약하면 이렇다. 환율하락에 따라 내국인의 해외 소비가 늘고(수입 증가), 외국인의 한국에서의 소비가 줄면(수출 감소), 서비스수지가 악화된다.

반대로 환율이 오를 때는 외국인의 한국 소비가 늘고, 한국인의 외국 소비가 줄어든다. 환율이 1,000원에서 2,000원으로 오르면 해외에서 쓸 1,000달러를 마련하기 위해 준비해야 할 돈이 100만 원(1,000원×1,000달러)에서 200만 원(2,000원×1,000달러)으로 늘어난다. 내국인의 해외 관광, 의료, 교육, 법률 등의 소비가 줄어들 수밖에 없다. 1997년 외환위기가 터지자 대학생들이 줄줄이 해외 배낭여행을 취소

도표 4-3 연도별 서비스수지 추이

연도	서비스수지
2009년	-93.4
2010년	-139.7
2011년	-120.6
2012년	-50.6
2013년	-63.3
2014년	-32.9
2015년	-146.3
2016년	-173.4
2017년	-367.3
2018년	-297.4

출처: 한국은행, 단위: 억 달러

한 것이 대표적이다.

반대로 외국인은 한국에서 관광, 의료, 교육, 법률 등의 소비에 부담이 줄어든다. 환율이 1,000원에서 2,000원으로 오르면 한국에서 쓸 100만 원을 마련하기 위해 준비해야 할 돈이 1,000달러(100만 원÷1,000원)에서 500달러(100만 원÷2,000원)로 크게 줄어든다. 그러면 서비스 소비를 크게 늘릴 수 있다. 결과적으로 환율이 오름에 따라 외국인의 국내 소비는 증가하고, 내국인의 해외 소비는 감소하면서 서비스수지가 개선된다.

2009년이 대표적이다. 당시 엔화 대비 원화 환율이 기존 100엔당 1,000원 내외에서 1,500원으로 크게 올랐다. 글로벌 금융위기의 영향 때문이었다. 위기 초반 한국은 과도한 외화 빚 등의 영향으로 경제

요즘 환율 쉬운 경제

안정성에 의심을 받으면서 원화 가치가 급락했다. 반면 일본은 별 영향을 받지 않으면서 엔화 가치에 흔들림이 없었다. 오히려 엔화는 기축통화 중 하나로 인정받으면서 안전자산으로 인식돼 매수세가 몰렸고, 그 과정에서 엔화 가치는 이전보다 올라갔다. 결과적으로 원화와 비교한 엔화 가치, 즉 엔화 대비 원화 환율이 크게 오르게 됐다. 그러자 일본인들이 서울 명동을 점령하다시피 했다. 기존에는 100만 원짜리 한국 패키지여행을 하기 위해 10만 엔(100만 원÷1,000원)이 필요했지만, 환율이 크게 오른 후에는 6만 7,000엔(100만 원÷1,500원)만 준비하면 돼 한국 방문이 크게 증가한 것이다.

　하지만 이런 호시절은 오래가지 못했다. 금융위기가 마무리되자 전반적으로 환율이 하향 안정세로 돌아선 데다 내국인의 해외여행 및 유학 수요가 급증하면서 대규모 서비스수지 적자가 이어지고 있다. 외국인이 한국 서비스를 좀 더 많이 소비할 수 있도록 관련 경쟁력을 키울 필요가 있겠다.

환율하락은
무조건 경제에 독일까?
-환율하락의 경제효과

    국가 경제에는 환율이 내려가는 것보다는 올라가는 게 좋아 보인다. 환율이 오르면 수출이 늘고 수입이 줄어 상품수지가 개선되고, 내국인의 해외 소비는 감소하는 반면 외국인의 국내 소비가 늘면서 서비스수지도 개선된다. 그 과정에서 관련 기업들의 수익성이 개선된다. 그뿐만 아니라 환율이 상승하면 '실질잔고효과'라는 것에 의해 경기가 호전된다. 환율이 오르면 원화로 평가한 해외 주식 등의 가치가 올라간다. 달러당 환율이 1,000원에서 2,000원으로 오르면, 10달러어치 주식을 갖고 있는 사람의 해외 주식 자산은 1만 원에서 2만 원으로 커진다. 그러면 경제주체들은 부가 늘었다는 생각을 하게 되고 소비를 키우게 된다. 경기 개선으로 이어진다. 이렇게 경제주체들의 실질잔고가 커지면서 경기가 좋아지는 것을 실질잔고효과라고 한다.

반대로 환율이 내려가면 정반대의 일이 벌어지면서 상품수지와 서비스수지가 악화되고 관련 기업들의 수익성도 나빠진다. 원화로 평가한 해외 주식 등의 가치가 떨어지면서 경제주체들의 부를 축소시켜 소비 감소와 경기 악화로 이어지기도 한다. 환율하락보다는 상승이 이점이 많은 것이다. 그래서 정부는 환율이 가급적 높게 유지되도록 노력한다. 물론 하락이 무조건 나쁜 것은 아니다. 이번에는 환율하락의 경제적 영향에 대해 알아보겠다.

물가안정에 기여하는 환율하락

환율이 내려갈 때 좋은 점 중 하나는 물가안정이다. 달러당 환율이 2,000원에서 1,000원으로 떨어지면 1달러짜리 제품의 수입 부담이 절반으로 줄면서, 수입기업 입장에서 소비자 가격을 떨어뜨릴 여지가 생긴다. 가격을 내리면 판매량이 늘어 결과적으로 이익을 늘릴 수 있기 때문이다. 수입기업은 이익이 극대화되는 지점을 찾아서 가격을 내린다. 이런 식으로 모든 수입품의 가격이 내려가면 전체 물가가 안정될 수 있다. 예를 들어 2008년 원유 가격이 1배럴당 50달러에서 150달러 수준까지 폭등한 적이 있는데, 당시 국내 휘발유 가격은 그 정도로 크게 치솟지 않았다. 매우 낮았던 환율 덕분이었다. 환율이 낮은 만큼 원화로 환산한 원유 도입 부담이 줄어들어 휘발유 가격 상승 압력을 완화한 것이다.

환율이 올라갈 때는 반대 현상이 생긴다. 환율이 올라가는 만큼 수입 가격이 올라가서 물가 불안 요인이 되는 것이다. 환율이 1,000원에서 2,000원으로 오르면 원화로 환산한 10달러짜리 제품의 국내 도입 가격이 1만 원(10달러×1,000원)에서 2만 원(20달러×1,000원)으로 올라가는 식이다. 이렇게 수입 부담이 늘면 소비자 가격도 올라가면서 전체 물가가 크게 상승한다.

기러기 아빠, 수입기업에도 도움

교육 문제로 해외에 처자식을 보낸 기러기 아빠 입장에서도 환율하락은 반가운 소식이다. 월 생활비로 2,000달러를 보내는 가장의 경우 환율이 1,500원일 때는 300만 원(2,000달러×1,500원)을 마련해야 하지만 환율이 1,000원으로 떨어지면 200만 원(2,000달러×1,000원)만 준비하면 된다. 반면 환율이 올라가면 송금해야 할 돈도 크게 늘어난다.

또한 환율하락은 기업들의 원가 부담을 낮추는 데도 도움이 된다. 보다 싼값에 원자재나 부품을 수입해 올 수 있기 때문이다. 환율이 2,000원에서 1,000원으로 떨어지면 100만 달러어치 부품 수입을 위해 준비해야 하는 돈이 20억 원에서 10억 원으로 떨어지고, 그만큼 채산성이 개선될 수 있다. 반대로 환율이 오르면 부품 수입을 위해 준비해야 하는 돈이 늘면서 채산성이 악화된다.

다만 환율하락이 수출 이익 감소로 이어지는 것을 고려해야 한다. 환율하락으로 인해 원가 부담이 내려가는 것 이상으로 수출 이익이 줄어들면 환율하락이 손해로 귀결된다. 수출 이익 감소와 원가 부담 감소 가운데 무엇이 더 영향이 큰지는 기업마다 다르다. 대부분의 부품을 수입에 의존하는 기업이라면 환율상승보다는 환율하락이 유리하고, 부품을 별로 수입하지 않고 수출을 많이 하는 기업이라면 하락보다는 상승이 유리하다.

빚이 많은 기업도 환율하락이 반갑다

환율하락은 외화부채 부담을 줄이는 데도 도움이 된다. 1,000만 달러의 빚을 지고 있는 기업이 연 10%, 즉 연간 100만 달러의 이자를 내고 있을 때 환율이 2,000원이라면 이자로 연간 20억 원(100만 달러×2,000원)을 준비해야 한다. 그리고 원금을 상환하려면 200억 원(1,000만 달러×2,000원)을 마련해야 한다. 이런 상황에서 환율이 1,000원으로 떨어지면 이자 부담은 연간 10억 원(100만 달러×1,000원)으로, 원금 상환액은 100억 원(1,000만 달러×1,000원)으로 줄어든다. 환율하락이 외화부채 원리금 상환 부담의 감소로 이어지는 것이다. 그러면 수익성이 개선된다.

반대로 환율이 오르면 원화로 환산한 외화부채 원리금 상환 부담이 늘면서 수익성이 악화된다. 원화로 환산한 외채 부담이 늘어나는 회계상 문제가 발생하는 것이다. 그렇기 때문에 환율이 올라갈 때는 외화부채가 외면을 받다가 환율이 내려갈 때면 너도 나도 외화부채를 받으려고 경쟁하는 일이 벌어지곤 한다. 다만 과도한 외화 빚은 국가경제에 위험요인이 될 수 있다. 혹시라도 갚기 어려운 일이 벌어지면 외환위기로 이어질 수 있기 때문이다. 또한 과도한 외화 빚이 부동산 시장으로 들어갈 경우 부동산 가격 거품 등의 문제를 낳는다. 그래서 외화 빚 증가세가 과도해지면 정부가 규제에 나서게 된다.

외화 빚이 아닌 외화자산을 갖고 있는 경우라면 환율하락보다는 상

도표 4-4 연도별 대외 외화자산 추이

연도	외화자산
2009년	4,150.8
2010년	4,505.8
2011년	4,986.7
2012년	5,385.8
2013년	6,088.9
2014년	6,782.0
2015년	7,205.1
2016년	7,813.8
2017년	8,774.0
2018년	9,080.6

출처: 한국은행, 단위: 억 달러

요즘 환율 쉬운 경제

승이 유리하다. 예를 들어 1,000만 달러 자산의 원화 환산 가치는 환율이 1,000원일 때 100억 원(1,000만 달러×1,000원)이지만, 환율이 2,000원으로 오르면 200억 원(1,000만 달러×2,000원)으로 가치가 크게 커진다. 해외펀드도 환율이 상승하면 원화로 평가한 펀드 잔액이 증가하면서 이익을 누릴 수 있다. 이처럼 환율이 상승하면서 생기는 이익을 '환차익'이라고 한다. 외화부채와 자산을 모두 가진 기업의 입장에서 환율하락과 상승 중 무엇이 도움이 될지 평가하려면 외화부채와 자산 가운데 어느 것이 더 많은지를 비교해보면 된다.

한편 환율 문제를 공평성 측면에서 보는 시각이 있다. 환율상승으로 인해 이익을 보는 쪽은 주로 수출 대기업이나 외국에 재산을 갖고 있는 자산가들이다. 수출 경기 호황으로 국가 경제가 전체적으로 나아져 이 혜택을 전 국민이 누릴 수도 있겠지만 일반적으로 환율상승으로 인한 이득은 수출 대기업과 자산가들에게 집중된다. 하지만 일반인들은 환율상승에 따라 유류 같은 수입품 가격이 오르면서 손해를 보게 된다. 이에 환율이 과도하게 오르면 분배 상황이 악화될 수 있다. 반면 환율하락은 수출 대기업에는 불리하게 작용하지만, 물가안정에 기여하면서 일반인에게는 유리하게 작용한다.

지금까지 환율하락이 경제에 도움이 될 가능성이 있는 경우에 대해서 살펴보았다. 환율하락이 '무조건' 나쁜 소식은 아닌 것이다. 마찬가지로 환율이 오른다고 해서 무조건 경제가 좋아질 것으로 기대해서도 안 된다. 물가상승 등의 문제가 생기기 때문이다. 환율상승과 하락

모두 양면성이 있고, 무엇이 유리할지는 경제 상황에 따라 판단을 달리해야 한다. 궁극적으로는 중용이 중요하다. 환율이 너무 높지도 낮지도 않도록 한국 경제 상황에 가장 잘 맞는 수준으로 유지되는 것이 좋다. 하지만 말처럼 중용은 쉽지 않고 환율이 오르면 오르는 대로 내려가면 내려가는 대로 충격을 받는 일이 반복된다.

투기 자본의 놀이터가 되곤 하는
한국의 외환시장
-오버슈팅, 외환위기

따져보니 환율이 내려가는 것이 나쁜 일만은 아니다. 반대로 무조건 오르는 것이 좋은 일도 아니다. 특히 환율이 갑자기 크게 오를 때는 경제가 급격한 충격을 받는다고 한다. 경기침체를 넘어 경제위기까지 올 수 있다고 한다. 그래서 매우 높은 환율은 그 나라 경제가 위험하다는 신호가 될 수 있다. 그 과정을 살펴보겠다.

외화 빚 부담을 크게 키우는 환율 급등

갑자기 원달러환율이 1,000원에서 2,000원으로 크게 올랐다고 해보자. 국내에 달러가 부족해지면서 달러 가치가 크게 오른 반면, 원화 가치가 급락하면서 벌어진 일이다. 이렇게 환율이 갑자기 치솟는 상황을 '오버슈팅(overshooting)'이라고 한다(반대로 환율이 정상 수준보다 크게 떨어질 때 '언더슈팅[undershooting]'이 발생했다고 한다. 언더슈팅은 갑자기 국내로 달러가 밀려들면서 달러 공급이 크게 늘 때 발생한다).

오버슈팅이 곧 해소되면 좋겠지만 그렇지 않을 때가 많다. 그러면 당장 외화부채를 갖고 있는 기업이나 은행이 큰 충격을 받는다. 하루 아침에 원화로 환산한 외화부채 원리금 상환 부담이 2배로 치솟기 때문이다. 환율이 1,000원일 때 100만 달러 외채 부담은 10억 원(100만 달러×1,000원)이지만, 환율이 2,000원으로 오르면 20억 원(100만 달러×2,000원)에 이른다. 이렇게 부담이 늘면 한국에 돈을 빌려준 외국인들은 의심을 하게 된다. '상환 부담이 2배로 늘었는데 갚을 수 있을까?' 하고 말이다. 결국 외국인들은 빌려준 돈을 떼이지 않도록 만기가 돌아온 채무에 대해 만기 연장을 해주지 않고 당장 갚으라는 압박을 하게 된다. 그럼 국내 기업이나 은행은 외화 빚을 갚기 위해 달러를 확보해야 한다. 하지만 이미 달러가 부족한 상황이라 달러를 구하기는 어렵고 달러 수요만 계속 쌓이면서 환율상승이 더욱 배가된다.

이렇게 환율이 올라가면 돈을 빌려준 외국인뿐만 아니라 주식 같은 한국 자산에 투자한 외국인도 불안감을 갖게 된다. 예를 들어 삼성전자 주식을 100억 원어치 갖고 있는 외국인은 달러를 기준으로 가치를 평가한다. 환율이 1,000원이라면 100억 원어치 주식은 1,000만 달러(100억 원÷1,000원)로 평가된다. 반면 환율이 2,000원으로 오르면 100

억 원어치 주식의 달러 환산 가치는 500만 달러(100억 원÷2,000원)에 불과해진다. 원화를 기준으로 한 주식 가치는 그대로인데, 환율이 2배로 오르면서 달러 환산 가치가 절반으로 떨어지는 것이다. 외국인 입장에서는 자산이 반토막 나는 상황이다. 게다가 환율이 더 오를 것으로 예상되면 하루라도 빨리 주식을 팔고 빠져나가는 것이 좋다. 환율이 2,500원으로 더 오르면 100억 원어치 주식의 달러 환산 가치는 400만 달러(100억 원÷2,500원)로 더 내려가기 때문이다. 이렇게 주식을 팔고 나가자는 움직임이 모이면 주식의 대량 매도가 발생하면서 주가가 폭락하는 것은 물론 외환시장에서 달러 수요만 더 커지게 된다. 주식 매도 금액을 달러로 바꾸려는 외국인의 움직임까지 합세하기 때문이다. 그러면 환율이 더 오르고, 급기야 외환시장에서 달러 자체를 구하지 못하는 것이 아니냐는 우려까지 나올 수 있다. 그러면 너도나도 일단 달러를 확보해놔야겠다는 움직임이 생기고, 결국 달러 품귀 현상이 벌어지면서 환율 급등세는 더욱 가팔라지게 된다.

이렇게 환율이 계속 폭등하면 외화부채의 상환 부담은 더욱 커지고, 빚을 갚으라는 외국의 요구는 더욱 거세진다. 다른 빚을 내서 기존의 빚을 갚을 수 있다면 문제는 없다. 하지만 위기 상황이 되면 국내 기업과 은행들이 아무리 높은 이자를 제시하더라도 새로 돈을 빌리는 것이 어렵다. 상환 여부에 대한 위험도가 무척 높다고 보기 때문이다. 기존 채무 만기 연장도 안 되는 데다가 새로 빚을 내는 것도 잘 안 되는 상황인 것이다.

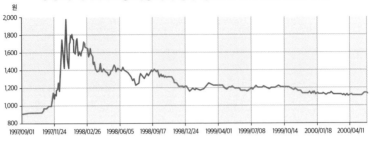

도표 4-5 1997년 외환위기 전후 달러화 대비 원화 환율 추이

출처: 한국은행, 단위: 원(달러당)

경제학에서는 이와 같은 상황을 '자기실현적(self-fulfilling) 예언'에 의한 것이라고 설명한다. 이는 어떤 일이 생길 것이라는 의심이 퍼지면 모두가 그에 맞춰 행동하는 '군집행위(herd behavior)'를 하게 되고, 결국 그 행동에 따라 의심이 실현되는 것을 뜻한다. 환율이 급등할 것이라는 의심이 퍼지면 모두가 미리 달러를 확보해야겠다는 군집행위를 하게 되고, 이것이 달러의 수요 급증으로 이어지면서 실제 환율이 크게 오르는 것이다. 보통 의심은 눈 깜짝할 사이 모두에게 퍼져 나간다. 한국에 달러가 부족할 것이라는 의심이 생기는 순간 모두가 같은 의심을 갖게 되고, 남보다 먼저 달러를 확보해야겠다는 군집행위를 하면서 실제 달러 부족 사태가 벌어지는 것이다.

요즘 환율 쉬운 경제

환율 급등을 이용하는 투기 자본

이런 상황을 흐뭇하게 지켜보는 쪽이 있다. 매우 공격적인 성향의 외국 투기 자본이다. 환율이 급등하면 외국 입장에서는 엄청난 이익의 기회가 생긴다. 예를 들어 환율이 1,000원에서 지속적으로 상승하다 결국 2,000원까지 이른 후 다시 정상 수준으로 돌아가는 상황을 가정해보자.

투기 자본이 노리는 시점은 환율이 2,000원, 즉 최고점을 기록할 때이다. 이때 집중적으로 한국의 외환시장에서 달러를 팔아 원화를 매수한다. 환율이 2,000원일 때 1억 달러를 투자해 원화를 사들이면 총 2,000억 원(1억 달러×2,000원)을 만들 수 있다. 이후 원화를 가만히 들고 있다가 오버슈팅이 해소돼서 환율이 정상 수준인 1,000원으로 돌아갈 때, 갖고 있던 2,000억 원을 달러로 바꾸면 된다. 그러면 '1달러 =1,000원'의 환율에 따라 2,000억 원을 2억 달러(2,000억 원÷1,000원)로 바꿀 수 있다. 최초 투자금액 1억 달러와 비교하면 2배로 커진 것이다. 단지 두 차례 환전했을 뿐인데 1억 달러가 2억 달러가 되는 마법 같은 일이 벌어진 것이다.

이런 이익의 원천은 환율 급등의 시점을 제대로 포착하는 데 있다. 투기 자본은 환율 급등을 기다리지 않는다. 공격에 흔들릴 수 있는 취약한 나라를 찾아 적극적으로 환율이 급등하도록 조작한다. 1997년 한국의 외환시장에서 한꺼번에 달러를 대량 매수 주문한 것이 대표적이다. 그러면 갑자기 달러 수요가 크게 늘어난 것으로 나타나면서 환율이 급등하게 된다.

이렇게 환율이 급등하는 과정에서 국가 경제는 큰 충격을 받는다. 투기 자본이 이득을 보는 동안, 외화 빚을 못 갚는 은행과 기업이 파산하게 된다. 국가도 마찬가지이다. 환율이 너무 오르면 국가도 외국을 대상으로 발행한 국채 빚을 못 갚을 수 있다. 결국 빚을 못 갚겠다고 포기 선언하는 '모라토리엄(moratorium)'에 이를 수 있는 것이다. 이런 일을 막으려면 국가가 나서서 세계은행이나 국제통화기금(IMF) 등 국제기구에 손을 벌려야 한다. 국제기구에서 돈을 빌려 파산을 막는 것이다.

1997년의 상황이 이와 같았다. 경상수지 적자가 계속되면서 달러 부족이 심화되자 외국인들이 한국 경제 상황을 불안하게 보면서 달러를 빼가기 시작했고, 투기 자본의 공격까지 더해지면서 환율이 급등하더니 결국 IMF로부터 구제금융을 받는 처지가 되고 말았다.

앞으로도 언제든 그때와 같은 일이 반복될 수 있다. 오히려 위험성은 더욱 커졌다. 지금은 1997년과 비교할 수 없을 정도로 많은 외국 자본이 국내에 들어와 있기 때문이다. 막대한 양의 자본이 한꺼번에 유출되면 한국 경제는 상상하기 어려운 수준의 충격을 받을 수 있다. 이미 2008년 글로벌 금융위기 때 다시 한 번 환율이 크게 오르는 위기를 겪은 바 있다. 투기 자본은 지금도 경제가 취약한 나라를 돌면서 환율을 급등시켜 돈 버는 일을 반복하고 있다. 먹잇감이 되지 않도록

요즘 환율 쉬운 경제

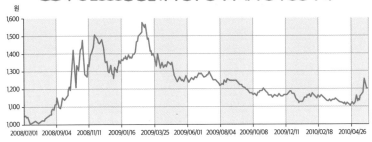

도표 4-6 2008년 금융위기 전후 달러화 대비 원화 환율 추이

출처: 한국은행, 단위: 원(달러당)

경제 안정성을 잘 지켜나가야 한다.

결국 일정 범위 내에서의 환율상승은 반가운 일일 수 있지만 급등하는 것은 한국 경제가 불안하다는 신호일 수 있다. 환율은 한국의 화폐가치를 직접 반영한다. 경제가 얼마나 건강한지를 나타내는 중요한 지표인 것이다. 국가 경제가 건강하고 잘 돌아갈 때는 자연스럽게 다른 나라 화폐와 비교해 가치가 올라가고 이에 따라 환율은 하향 안정된다. 반면 경제가 불안하면 화폐가치가 떨어지고 환율이 급등한다. 국가 경제가 위험하다는 신호가 되는 것이다. 그러면 외국인 투자자금의 급격한 이탈이 일어나면서 외환위기가 발생할 수 있다. 결국 지나친 환율상승은 경제에 큰 독이 되므로 제어가 필요하다.

코로나19에도 불구하고
2020년 세계에서 중국 펀드가 수익률 1위인 이유

코로나19 사태로 2020년 상반기 세계 주식시장은 엄청난 롤러코스터 증시를 보였다. 그에 따라 해외 투자 성적표에 희비가 엇갈렸는데, 2020년 5월 말을 기준으로 코로나19의 진원지인 중국과 중화권 증시의 하락 폭이 연초 대비 가장 작았다고 한다. 의외의 결과다. 또한 이 지역에 투자하는 펀드의 수익률도 선방한 것으로 나타났다.

금융정보분석업체인 '에프앤가이드'가 분석한 결과를 보면, 한국에서 팔린 해외 펀드 20개 영역 중 연초 이후 수익률이 가장 높은 것은 중화권 펀드였다. 1.0%의 수익률로, 20개 영역 해외 펀드 중 플러스(+) 수익률을 기록한 것은 중화권 펀드가 유일했다. 다음으로 중국 펀드가 −4.1%로 뒤를 이었다. 구체적인 종목을 보면 중국 바이오 헬스케어 기업에 집중 투자하는 'DB차이나바이오헬스케어펀드'(연초 대비 21%)와 텐센트, 알리바바 등 중국의 주요 기업에 투자하는 '메리츠차이나펀드'(13%)의 수익률이 가장 좋았다.

반면 브라질, 러시아, 인도 등 다른 주요 신흥국의 펀드 수익률은 각각 −44.2%, −26.8 %, −23.5%까지 떨어졌다. 중남미(−41.3%), 신흥 유럽(−30.0%), 유럽 및 중동, 아프리카(−27.4%), 베트남(−19.6%) 펀드의 수익률도 매우 저조했다.

중국과 중화권 펀드의 선전은 이 지역 주식시장이 큰 폭의 조정을 받지 않았기 때문이다. 중국 증시의 선방 요인은 중국 정부의 대대적인 경기 부양책에 대한 기대감과 작년까지 미국 등 주요 선진국 중심의 상승장에서 소외된 탓에 주가가 낮게 형성돼 있었던 점 등이 꼽히고 있다.

이와 같은 흐름에 따르면 중화권 펀드에는 돈을 넣고, 다른 신흥국 펀드에서는 돈을 뺀 투자가들이 돈을 벌었을 것이다. 그런데 일반 투자가들은 펀드 성적표와 반대되는 움직임을 보였다고 한다. 2020년 상반기 중국 펀드에서 가장 많은 돈(−4,736억 원)을 환매했고, 최악의 수익률을 보인 브라질(27억 원)과 러시아(230억 원) 펀드에는 돈을 더 집어넣은 것으로 조사됐다.

제5장

환율 급변에
끄떡없는
선물환

5억 원을 단숨에
10억 원으로 불리는 마법
-선물환거래

일신향업의 김수진 대리에게 고민이 하나 생겼다. 미국에 100만 달러어치 방향제를 수출하기로 했는데, 대금은 6개월 뒤에 들어온다. 현재 환율 1,000원으로 계산하면 10억 원의 매출을 올릴 수 있다. 그런데 환율이 어떻게 움직일지 종잡을 수 없다. 만일 환율이 1,500원으로 오르면 매출이 15억 원(100만 달러×1,500원)으로 오르니 다행이겠지만, 반대로 환율이 500원으로 떨어지면 매출이 5억 원(100만 달러×500원)으로 반토막이 난다. 매출이 얼마가 될지 확정하고 싶은데 도저히 모르겠다.

이처럼 수익 기회와 손실 가능성이 동시에 있을 때, 대부분 기업은 수익 기회를 좇기보다 손실 위기를 막는 데 관심을 둔다. 6개월 뒤 15억 원의 매출을 올릴 기회를 찾기보다 5억 원으로 반토막 나는 위험

요즘 환율 쉬운 경제

을 피하려 하는 것이다. 그래야 안정적인 경영을 할 수 있다. 여기에 안성맞춤인 상품이 있다. 바로 '선물환(forward exchange)'이다.

선물환=달러를 미리 사고파는 것

선물환은 미리 외환거래 계약을 맺어두는 것을 뜻한다. 수출기업 입장에서는 달러를 미리 파는 것이다. 김수진 대리의 사례를 살펴보자. 김 대리는 거래은행을 찾아가 '선물환매도'를 요청할 수 있다. 대금이 들어오는 6개월 뒤 은행에 100만 달러를 팔겠다고 약속을 맺는 것이다. 이때 은행은 사는 입장이니 '선물환매수'를 했다고 한다. 환율 조건은 미리 정하는데, 대체로 현재 환율과 유사하다. 현재 환율이 1,000원이라면 1,000원 내외 환율에 매매 계약을 맺는 것이다. 이렇게 하면 일신항업은 6개월 뒤 환율이 어떻게 변하든 약속했던 달러당 1,000원 내외 환율로 100만 달러를 팔 수 있다. 안정적으로 10억 원(100만 달러×1,000원)을 확보할 수 있는 것이다.

선물환매도를 통해 기업은 손해를 볼 수도, 이익을 볼 수도 있다. 6개월 뒤 환율이 1,500원으로 오른다면, 1,500원 환율에 100만 달러를 팔아 15억 원(100만 달러×1,500원)을 얻을 수 있는 기회를 날리게 된다. 선물환매도 계약에 따라 거래은행에 1,000원 환율로 100만 달러를 팔아 10억 원(100만 달러×1,000원)만 받는 계약을 반드시 이행해

> ### 기업의 선물환매도 거래 예상
>
> ● **현재 환율 1,000원, 6개월 후 1,000원에 100만 달러 선물환매도 계약 → 6개월 후 환율 1,500원**
>
> : 15억 원(100만 달러×1,500원)이 아닌 10억 원(100만 달러×1,000원) 수취 → 5억 원 손해
>
> ● **현재 환율 1,000원, 6개월 후 1,000원에 100만 달러 선물환매도 계약 → 6개월 후 환율 500원**
>
> : 5억 원(100만 달러×500원)이 아닌 10억 원(100만 달러×1,000원) 수취 → 5억 원 이익

야 하기 때문이다. 만일 계약을 어기고 다른 은행을 찾아가 100만 달러를 1,500원 환율에 팔면 거래은행과의 기존 계약을 파기한 것이 돼 법적으로 그에 대한 책임을 져야 한다.

반대로 6개월 뒤에 환율이 500원으로 추락했다고 가정해보자. 선물환계약을 맺어주지 않았다면 100만 달러를 환전했을 때 5억 원(100만 달러×500원)밖에 얻지 못한다. 하지만 선물환계약을 체결해뒀다면 계약한 1,000원의 환율에 따라 10억 원(100만 달러×1,000원)을 확보할 수 있다. 선물환계약을 하지 않았을 때와 비교해 5억 원의 이익을 보는 것이다. 5억 원의 손실을 막았다고도 할 수 있다. 이처럼 선물환은 환율이 내려갈 때 수익성 악화를 막는 역할을 한다.

안정적인 경영을 선호하는 기업들은 수익 기회를 상실하는 것보다 손해를 볼 가능성을 싫어한다. 15억 원의 기회를 날리는 것보다 5억

요즘 환율 쉬운 경제

원의 손실을 볼 수 있는 위험을 우려하는 것이다. 그래서 기업들은 환율 변화에 상관없이 안정적으로 10억 원을 확보할 수 있는 선물환거래에 적극 참여한다. 이렇게 위험을 없애기 위해 선물환거래를 하는 기업들의 행위를 '환헤지(換 hedge)'라고 한다. '헤지'는 위험을 피하기 위한 노력을 뜻하는 말이다. 여기에 '환' 자가 붙었으니 환위험을 피하기 위한 노력을 뜻한다.

수출기업들이 수출대금을 100% 환헤지하는 것은 아니다. 환헤지 비율은 앞으로 환율 예상에 영향을 받는다. 앞으로 환율이 크게 오를 것이 확실시되는 상황이라면 수출기업들은 선물환매도를 줄인다. 선물환매도를 수출액의 절반 이하로 낮추는 식이다. 선물환매도를 하지 않은 부분에 대해선 환율이 오른 후 달러를 팔아 환차익을 낼 수 있다. 공격적인 회사들이 이런 선택을 한다. 반대로 환율하락이 확실시되는 상황이라면 대부분 기업들은 수출계약을 맺는 대로 해당 금액만큼 곧바로 선물환매도를 한다. 즉 환율상승이 예상되면 선물환매도가 줄어들고, 환율하락이 예상되면 선물환매도가 증가한다.

환위험을 근본적으로 없애는 방법은 해외 이전 및 이주이다. 현지에서 만들어 현지에서 판매하고 현지에서 생활하면 환전의 필요성 자체가 없어지니 환위험이 생길 여지 자체가 없어진다. 다만 이는 매우 극단적인 사례이다.

수입기업의 선물환거래

수입기업은 수출기업과 반대 방향으로 선물환거래를 한다. 수입기업은 환율이 상승하는 것을 두려워한다. 환율이 상승하면 원화로 환산한 수입 부담이 증가하기 때문이다. 그래서 환율이 상승할 것으로 예상되면 '선물환매수' 거래를 한다. 예를 들어 현재 환율이 1,000원인데 환율이 1,500원으로 올라갈 것으로 예상되면 6개월 뒤에도 현재 환율인 1,000원에 100만 달러를 구입하겠다는 계약을 체결하는 식이다. 그러면 환율이 1,500원으로 올라도 15억 원(100만 달러×1,500원)이 아닌 10억 원(100만 달러×1,000원)으로 100만 달러를 확보할 수 있다.

물론 선물환매수 계약을 체결한 뒤 환율이 오르지 않고 반대로 1,000원에서 500원으로 내려갈 수도 있다. 그러면 5억 원(100만 달러×500원)이면 확보할 수 있는 100만 달러를 10억 원(100만 달러×1,000원)에 사야 하는 상황에 처하게 된다. 하지만 이는 환율이 오를 때 생길 수 있는 위험을 피하는 데 따른 대가로 감수해야 한다.

다만 독점적 지위를 갖고 있는 재벌급의 수입기업은 환율이 상승할 것으로 예상돼도 선물환매수 계약을 충분히 하지 않는다고 한다. 환율이 올라 부담이 늘면 그만큼 가격을 올려 소비자에게 부담을 전가시킬 수 있는 힘을 갖고 있기 때문이다. 재벌급 수입기업은 일정 수준으로 수입대금을 확정하기보다는 환율이 내려가 수입 부담이 줄면서

- **현재 환율 1,000원, 6개월 후 1,000원에 100만 달러 선물환매수 계약 → 6개월 후 환율 1,500원**

  : 100만 달러 얻는 데 15억 원(100만 달러×1,500원)이 아닌 10억 원(100만 달러×1,000원) 지급 → 5억 원 이익

- **현재 환율 1,000원, 6개월 후 1,000원에 100만 달러 선물환매수 계약 → 6개월 후 환율 500원**

  : 100만 달러 얻는 데 5억 원(100만 달러×500원)이 아닌 10억 원(100만 달러×1,000원) 지급 → 5억 원 손해

환차익이 생기는 상황을 선호한다. 그래서 선물환계약을 충분히 활용하지 않는다. 독점적 지위에서 생겨나는 그들만의 혜택이다.

실전에서는 차액만 수수

시장에서 선물환거래가 이뤄지는 방식에 대해 좀 더 알아보겠다. 6개월짜리 선물환계약을 했다고 해서, 6개월 뒤 거액의 달러 현물이 오고 가는 것은 무척 번거로운 일이다. 이보다는 차익을 주고받는 것이 훨씬 편하다. 일신향업이 A은행과 달러당 1,000원에 100만 달러를 팔겠다는 계약을 한 상황에서 환율이 700원으로 떨어졌다고 가정하겠다. 차익을 주고받는 계약 조건이라면 A은행은 일신향업으로부

터 달러당 1,000원에 100만 달러를 살 필요가 없다. 계약 환율 1,000 원과 실제 환율 700원의 차이, 즉 1달러당 300원으로 계산해 총액 3억 원(300원×100만 달러)을 받는다. 이후 일신향업은 100만 달러를 외환시장에 팔아 7억 원(현재 환율 700원×100만 달러)을 마련하고 여기에 은행에서 받은 3억 원을 합쳐 총 10억 원을 안전하게 확보할 수 있다.

반대로 환율이 1,500원으로 오르면 일신향업은 A은행에 현재 환율 1,500원과 계약 환율 1,000원의 차이인 500원으로 계산한 총액 5억 원(500원×100만 달러)을 지급한다. 언뜻 일신향업이 손해를 본다고 생각할 수 있지만, 일신향업은 100만 달러를 현재 환율 1,500원으로 환전하면 15억 원(100만 달러×1,500원)을 확보하는 것이다. 이 가운데 A

기업의 선물환매도 실거래 흐름

● **현재 환율 1,000원, 6개월 후 1,000원에 100만 달러 선물환매도 계약 → 6개월 후 환율 700원**

: 1달러당 300원, 총 3억 원(100만 달러×300원) 수수 → 외환시장에서 100만 달러 7억 원(700원×100만 달러)으로 환전 → 3억 원 + 7억 원 = 10억 원 확보

● **현재 환율 1,000원, 6개월 후 1,000원에 100만 달러 선물환매도 계약 → 6개월 후 환율 1,500원**

: 1달러당 500원, 총 5억 원(100만 달러×500원) 지급 → 외환시장에서 100만 달러 15억 원(1,500원×100만 달러)으로 환전 → 15억 원 − 5억 원 = 10억 원 확보

은행에 5억 원을 주고 나면, 원래 확보하려 했던 10억 원을 그대로 남길 수 있다. 5억 원의 수익 기회를 날린 것은 환율이 떨어졌을 때 손실을 볼 위험을 없애는 데 따른 대가이다.

현물환율과 따로 움직이는 선물환율

선물환계약 환율에도 시장원리가 개입된다. 기본적으로는 현재 환율이 기준점 역할을 한다. 예를 들어 현재 환율이 1,000원이면 6개월 후 선물환매매 환율도 1,000원 근처에서 결정되는 식이다. 다만 선물환 수급이 구체적인 환율에 영향을 미친다. 선물환계약 환율은 실제 환율과 구분해 '선물환율'이라고 부르고, 현재 환율은 '현물환율'이라고 한다.

선물환매도세가 많으면 가격(선물환율)이 떨어지고, 매수세가 많으면 가격(선물환율)이 오른다. 수출기업이 대거 선물환매도에 나서면 선물환의 시장가격인 선물환율이 떨어지고, 수입기업처럼 선물환매수 세력이 많으면 선물환의 시장가격인 선물환율이 오르는 식이다. 이런 추세에 따라 선물환율은 현물환율과 어느 정도 차이를 보이게 된다. 선물환시장에 큰 수급 변화가 없으면 선물환율과 현물환율이 별 차이를 보이지 않고, 선물환매수세가 강하게 유입되면 선물환율이 오르면서 현물환율보다 높아지며, 선물환매도세가 강하게 나오면 선물환율이 떨어지면서 현물환율보다 낮아지는 식이다. 다만 선물환율과 현물환율의 차이가 엄청나게 벌어지지는 않는다. 차이가 벌어지더라도 몇 십 원 정도이다. 현재 환율이 1,000원이라면 선물환율이 950~1,050원 사이에서 결정되는 식이다.

도표 5-1 기업의 선물환거래량 추이

연도	선물환거래량
2016년	1,404
2017년	1,460
2018년	1,844

출처: 한국은행, 단위: 억 달러

현물환율하락으로 연결되는 선물환매도

선물환율과 현물환율에 큰 차이가 나지 않는 것은 서로 영향을 주고받기 때문이다. 선물환율을 앞으로 현물환율이 어떻게 될지 방향을 가늠하는 중요한 지표로 활용할 수 있다. 예를 들어 현재 환율이 1,000원인데 선물환율이 이보다 낮은 980원이라면 앞으로 환율하락을 예상해 선물환을 매도하는 기업이 많은 상황이라고 해석할 수 있다. 선물환매도세가 많으니 현물환율보다 낮게 형성되는 것이다. 이런 예상은 곧 다른 기업으로도 확산된다. 그러면 환율이 떨어지기 전에 미리 달러를 팔아서 원화를 확보해야겠다는 심리가 생기게 되고,

요즘 환율 쉬운 경제

외환시장에 달러 매도세가 많이 나오면서 바로 환율이 내려가게 된다. 미래에 대한 예상이 선물환율을 거쳐 현물환율로 이어지는 것이다.

이런 관계는 외환시장을 읽는 데 꽤 유용하다. 앞으로 선물환율이 현물환율보다 낮다면 앞으로 환율이 하락할 가능성이 높다고 해석하고, 반대로 선물환율이 현물환율보다 높다면 환율이 상승할 가능성이 높은 것으로 해석하면 된다.

자가당착에 빠질 수 있는 선물환 집중 매도

때로는 환위험을 피하기 위한 기업들의 행위가 스스로의 발목을 잡는 함정으로 돌변하기도 한다. 예를 들어 미래 환율이 하락할 것으로 예상하면서 너도나도 선물환매도에 나서면 선물환율이 크게 떨어진다. 그러면 그 영향으로 현물환율이 떨어지고, 이는 선물환율을 더 떨어뜨리게 만든다. 그 영향으로 현물환율이 보다 떨어지면 환율하락의 사이클이 생겨난다. 수출대금을 확정 지으려는 수출기업뿐만 아니라 환차익을 벌겠다는 목적으로 너도나도 경쟁적으로 선물환매도에 나서게 될 때 이런 일이 벌어진다. 그러면 기업들은 계속 내려가는 값에 선물환을 팔아야 하고, 결국 원화로 환산한 수출대금이 지속적으로 감소하는 상황에 직면하게 된다.

이와 같은 일이 2008년 금융위기 직전 한국 경제의 최대 고민거리

중 하나였다. 환율이 지속적으로 내려가면서 선물환매도가 계속 나왔고, 이것이 연쇄적인 환율하락을 배가한 것이다. 이에 따라 당시 정부는 환율하락을 막기 위해 기업들에게 지나친 선물환매도를 삼가달라고 권고하기까지 했다.

그런데 이상한 점이 있다. 선물환거래는 거래를 해주는 상대가 있어야 한다. 도대체 누가 이 막대한 양의 선물환매도를 받아줬던 걸까? 이어서 알아보겠다.

팔면 파는 대로
다 받아주는 은행은 호구인가?
-현물환 차입 및 매도 전략

수출기업이 대량의 선물환매도를 할 수 있었던 것은 은행 덕분이다. 기업이 신청하는 대로 선물환매도를 계속 받아준 것이다. 모두가 환율하락을 예상하는 상황에서 손실이 뻔한 거래를 한 것이다. 여기에는 외환시장과 은행의 건전성에 치명적인 독이 될 수 있는 비밀이 숨어 있다.

외채를 부르는 선물환매도

일신향업이 거래은행인 A은행과 1년 뒤 500만 달러를 달러당 1,000원에 넘기기로 한 선물환계약을 체결한 상황을 보자. 이렇게 계약을 체결하면 일신향업 대신 A은행이 환율하락에 따른 위험에 노출된다. 만약 1년 뒤 달러당 환율이 1,000원에서 500원으로 떨어지면 A은행은 일신향업에 계약 환율 1,000원과 실제 환율 500원의 차액인 500원을 1달러당 지급해야 한다. 총액으로 하면 25억 원(500원×500만 달러)에 이른다.

물론 반대로 환율이 오르면 A은행은 일신향업으로부터 차액을 받아 수익을 낼 수 있다. 하지만 환율이 상승할 가능성이 희박하고 오히려 하락할 가능성이 매우 높은 상황이라면 A은행은 수익보다 손실을 볼 가능성이 훨씬 커진다. 그럼에도 은행이 자신 있게 선물환매수를 하는 것은 '현물환 차입 및 매도' 전략 덕분이다. A은행은 일신향업으로부터 500만 달러어치 선물환을 매수하는 계약을 체결함과 동시에 미국 은행으로부터 현금 500만 달러를 빌린다. 선물환을 산 금액만큼의 달러를 빌리는 것이다. 이후 지체하지 않고 달러를 시장에 판다. 그러면 현재 환율 1,000원에 따라 500만 달러로 50억 원(500만 달러× 1,000원)을 확보할 수 있다. 이 돈은 다른 기업, 이를테면 일신건설에 1년간 대출해주는 용도로 활용된다.

자, 1년이 흘렀다. 환율이 달러당 500원으로 하락했다. 그렇다고 A은행은 절망할 필요가 없다. 우선 일신건설에서 50억 원을 상환 받는다. 이후 선물환계약에 따라 일신향업에 1달러당 계약 환율 1,000원과 실제 환율 500원의 차액인 500원으로 계산한 총액 25억 원(500원×500만 달러)을 지급한다. 그러면 25억 원이 남는다. 이걸 외환시장에

> ## 은행의 선물환매수 거래 흐름도
>
> 환율 1,000원에 500만 달러 선물환매수 계약 → 미국 은행으로부터 500만 달러 차입 → 환율 1,000원에 50억 원(500만 달러×1,000원)으로 환전(다른 기업에 대출) → 환율 500원으로 추락 → 기업에 선물환율 1,000원과 현재 환율 500원의 차이인 500원을 1달러당 지급, 총액 25억 원(500원×500만 달러) 지급 → 50억 원에서 25억 원 남음 → 남은 25억 원을 환율 500원에 500만 달러(25억 원÷500원)로 환전 → 미국 은행에 500만 달러 상환 → 거래 종료

서 현재 환율 500원에 따라 500만 달러(25억 원÷500원)로 바꾼다. 미국 은행에서 빌린 500만 달러와 정확히 일치한다. 그대로 미국 은행에 갚으면 A은행은 모든 거래 관계를 종료할 수 있다. 과거에 환전해 놓은 돈 덕분에 환율이 크게 내려가도 손실을 피할 수 있는 것이다.

결국 은행이 기업으로부터 선물환을 매수하면서 '현물환 차입 및 매도' 전략을 펼치면 은행과 기업 모두 환율하락의 위험으로부터 벗어날 수 있다. 이 과정에서 A은행은 미국 은행에 1년간 이자를 지급해야 하지만 일신향업으로부터 선물환매매 수수료와 일신건설로부터 대출이자까지 받으면 그 이상으로 충분히 이익을 낼 수 있다. 일신향업 또한 다소간의 수수료를 내더라도 환율 급락에 따른 위험에서 벗어날 수 있으니 수수료 지급 요구에 응할 수 있다. 이처럼 은행 입장에서는 선물환매수 계약은 무척 매력적이다. 큰 위험 부담 없이 수수

료와 이자 수익을 벌 수 있기 때문이다. 이에 은행들은 환율이 지속적으로 하락하는 상황에서도 선물환매도를 받아준다.

하지만 여기에는 엄청난 위험이 도사리고 있다. 기업들의 선물환매도가 계속되면서 경제가 균형으로부터 멀어지고 파국으로 치닫는 일이 벌어질 수 있기 때문이다. 첫 번째 부작용은 장기적인 환율하락이다. 기업들이 계속 선물환을 대량 매도하면서 선물환율이 내려가고 그에 따라 현물환율이 더 내려가는 것이다. 지속적인 환율하락은 기업을 투기로 내몰기까지 한다. 기업이 100만 달러어치 수출계약을 체결한 상황에서 진정한 환헤지를 하려면 100만 달러어치 선물환매도 계약을 해야 한다. 그런데 일부 기업은 100만 달러 이상의 선물환매도 계약을 체결한다.

예를 들어 일신향업이 제품을 수출해서 6개월 뒤 100만 달러를 받기로 했는데, 1,000원 환율로 6개월 만기 200만 달러의 선물환매도 계약을 체결했다고 해보자. 6개월 뒤 환율이 500원으로 떨어졌다. 일신향업은 달러당 1,000원과 500원의 차액인 500원을 200만 달러 규모로 받게 된다. 총 10억 원(500원×200만 달러)에 이른다. 일신향업이 당초 수출금액과 일치하는 100만 달러에 해당하는 선물환매도 계약을 체결했다면 차액인 500원을 100만 달러 규모로 받아 5억 원(500원×100만 달러)을 받았을 것이다. 이후 100만 달러를 500원 환율로 외환시장에 팔면 5억 원(500원×100만 달러)을 확보할 수 있고, 여기에 선물환계약에 따라 은행에서 받은 5억 원을 더하면, 수출계약을 체결한 시점인 6개월 전 환율 1,000원으로 환산한 10억 원의 수출대금을 확보하게 된다. 그런데 실제 일신향업은 200만 달러 규모로 선물환계약을 체결해 10억 원을 받았다. 여기에 수출대금으로 받은 100만 달러를 500원 환율로 환전하면 5억 원(100만 달러×500원)을 추가로 만들수 있다. 그렇게 총 15억 원이 만들어지게 된다. 6개월 전 환율 1,000원으로 환산한 10억 원의 수출대금보다 5억 원이나 많은 금액이다. 200만 달러 규모로 선물환계약을 한 덕분에 5억 원의 수익이 추가로생긴 것이다.

이와 같은 추가 수익은 선물환매도 물량을 늘릴수록 커진다. 그래서 공격적인 기업들은 수출금액을 훨씬 초과해 선물환매도 계약을 맺곤 한다. 은행도 부담 없이 이 거래를 받아준다. 기업이 선물환매도를한 만큼의 금액을 외국에서 차입해 '현물환 차입 및 매도' 전략을 펴면아무런 위험이 없기 때문이다. 그렇게 해서 2000년대 중반 환율이 지속적으로 내려갈 무렵 선물환매매 규모가 급증했다.

하지만 결국 쏠림은 문제를 만든다. 기업들의 예상과 다르게 환율이 내려가지 않고 올라가는 일이 벌어지면 기업들이 거액의 손실을입게 되는 것이다. 2008년 금융위기 때 실제로 이런 일이 벌어졌다. 당시 1,000원 밑으로 계속 내려가던 환율이 금융위기와 함께 단숨에 1,500원 선까지 뛰어올랐다. 이에 따라 기업들은 실제 환율과 계약환율과의 차액을 은행에 지급해야 할 상황에 처하게 됐다. 계약 환율이 1,000원이었다면 현물환율 1,500원과 계약 환율 1,000원과 차이인 500원을 달러당 은행에 지급해야 했던 것이다. 200만 달러 계약을 체결했다면 10억 원(500원×200만 달러)을 은행에 지급해야 했다. 수출대금 100만 달러를 시장환율 1,500원에 환전하면 15억 원을 받을 수 있지만, 여기서 10억 원을 은행에 지급하고 나면 남는 것은 5억 원에 불과한 것이다.

만일 수출대금 100만 달러에 해당하는 계약만 체결했다면 수출대금 100만 달러를 시장환율 1,500원에 따라 환전해 15억 원을 확보하고, 여기서 은행에 달러당 500원을 100만 달러어치(5억 원) 지급하고 나면 당초 확보하려 했던 10억 원을 그대로 지켰을 것이다. 하지만 수출대금 이상의 무리한 계약을 하면서 큰 손실을 보게 됐다. 실제 이와 같은 손실을 견디다 못해 도산한 기업들이 2008년에 부지기수로 나왔다.

이와 같은 상황에서도 은행들은 이론상 아무런 영향을 받지 않았

도표 5-2 하루 평균 선물환거래 계약 건수 추이

연도	일평균 선물환거래량
1999년	7,323
2004년	41,806
2009년	212,912
2014년	198,627
2018년	306,644
2019년 1분기	309,137

출처: 한국거래소, 단위: 건

요즘 환율 쉬운 경제

다. 현물환 차입 및 매도 전략 덕분이다. 은행이 1,000원의 선물환율로 200만 달러어치 선물환계약을 해주면서 200만 달러를 차입 후 바로 매도하면 20억 원을 마련할 수 있다. 1년 후 환율이 1,500원으로 오르면 은행은 기업으로부터 10억 원(500원×200만 달러)을 받게 된다. 실제 환율 1,500원과 계약 환율 1,000원의 차이인 500원을 200만 달러어치 받은 결과이다. 이 10억 원에 예전에 확보해놓은 20억 원을 합하면 30억 원이 된다. 이 돈을 시장환율 1,500원으로 환전하면 200만 달러(30억 원÷1,500원)를 마련할 수 있고, 이를 외국은행에 갚아주면 모든 거래는 끝나게 된다. 환율이 아무리 올라도 은행에는 아무런 위험 부담이 없는 것이다.

하지만 기업의 손실은 결국 은행의 문제로 이어진다. 2008년 환율이 급등하면서 거액의 선물환매도를 한 기업들은 은행에 물어줘야 할 돈을 지급하지 못하는 상황에 처하고 만 것이다. 이에 따라 은행은 외국에 빌린 돈을 상환하기 위해 스스로 돈을 마련해야 했다. 그만큼 손실을 본 것이다. 나아가 외국으로부터 지속적인 외화부채 상환 압박이 들어오면서 외화난에 시달리게 됐다.

도박으로 변질된 환헤지

이 문제가 가장 심각했던 때가 2000년대 중후반이었다. 수출금액

이상으로 선물환을 매도하는 기업들이 우후죽순 나오면서 은행들은 엄청난 현물환 차입 및 매도를 했고 그 과정에서 외채가 크게 늘었다. 2008년 9월 기준 누적된 단기외채만 1,461억 3,000만 달러에 이르렀다. 수출로 외화를 벌었는데도 기업들이 무리한 선물환매도를 하면서 은행들이 외화 빚을 내게 됐고, 경상수지 흑자에도 불구하고 국가 전체로 보면 외화 빚이 크게 증가하는 역설적인 상황이 벌어진 것이다.

2008년 글로벌 금융위기가 터지면서 환율이 크게 오르자 기업들은 선물환매도 계약을 제대로 지킬 수 없게 됐다. 그러면서 국내은행들은 외국은행들로부터 한 번에 들어온 부채 상환 압박에 제대로 응하지 못했다. 과도한 선물환계약이 기업과 은행을 함께 위기로 몰아넣은 것이다. 한때 제2의 외환위기가 올 수 있다는 공포감마저 들었다.

이 과정에서 '키코'라는 도박성 선물환 상품도 큰 문제를 일으켰

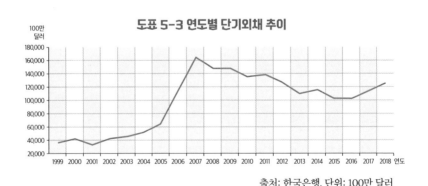

도표 5-3 연도별 단기외채 추이

출처: 한국은행, 단위: 100만 달러

요즘 환율 쉬운 경제

다. 키코는 기준환율을 정한 뒤 환율이 일정한 범위 내에서 움직이면 은행이 기업에게 약속한 금액을 지급한다. 반면 환율이 기준선 이하로 내려가면 계약이 무효가 되고, 기준선 이상으로 올라가면 기업이 은행에게 거액의 벌칙금을 내도록 돼 있다. 예를 들어 기준환율을 1,000원으로 정한 뒤 환율이 950~1,050원 사이에서 움직이면 기업이 은행으로부터 달러당 100원을 받지만, 환율이 950원 밑으로 떨어지면 계약이 무효가 된다. 또 환율이 1,050원 이상으로 올라가면 기업이 은행에 달러당 300원의 고액 벌칙금을 내는 것이다.

선물환의 존재 의의는 수출기업이 환율하락 위험에서 벗어나는 데 있다. 그런데 키코 계약에서는 환율이 기준선 밑으로 떨어지면 아무런 보상을 받지 못한다. 반면 환율이 기준선 위로 올라가면 거액의 손실을 당해야 한다. 환헤지가 되지 않는 데다 위험하기만 한 도박 상품인 것이다. 그럼에도 불구하고 유행했던 이유는 많은 기업이 환율이 '박스권'에서 안정될 것이라고 예상했기 때문이다. 이들은 환율하락 압력이 무척 높지만 정부가 하락을 좌시하지 않으면서 환율이 지속적으로 안정될 것이라고 믿었고, 그 믿음에 따라 수익을 내기 위해 키코 가입이라는 모험을 감행한 것이다. 위험한 도박을 한 셈이다.

위험한 계약은 결국 금융위기를 계기로 환율이 급등하면서 큰 손실로 귀결되고 말았다. 1,000원을 밑돌던 환율이 한때 1,500원을 넘어서면서 기업들이 은행에 거액의 벌칙금을 내야 했다. 그 손실이 너무나 커서 10년 넘게 문제가 이어지고 있다.

이때 경험으로 지금은 선물환을 도박으로 접근하는 행위가 많이 줄었다. 선물환매도를 가장 많이 했던 조선업체들의 상황이 예전보다 못한 탓도 있다. 이제는 순수하게 환헤지 차원에서 선물환을 매도하는 기업이 대부분이다. 그뿐만 아니라 은행들의 부채 관리 강화 노력도 영향을 주고 있다. 현물환 차입 및 매도를 하려면 외국은행에서 달러를 빌려야 하는데, 그 과정에서 장부상 외화부채가 늘어난다. 금융위기 이후 안정성이 강조되면서 부채를 많이 내는 데 제동이 걸렸고, 그 결과 기업의 과도한 선물환매도를 받아들이지 않는다. 여기에 정부 규제도 한몫했다. 위기 이후 금융 당국은 기업별로 수출액의 125% 이상의 선물환매도 계약을 체결할 수 없도록 했고, 은행의 외화 차입 규제도 일부 진행하고 있다. 이에 따라 위기 이전과 비교하면 선물환거래가 침체된 상태이다. 거래금액 자체는 예전보다 커졌지만, 그사이 수출액이 급증한 것을 감안하면 예전보다 선물환거래가 위축된 것이다.

다만 최근 몇 년간 환율이 하향 안정세를 보이면서 선물환거래가 다시 살아날 조짐이 보이고 있다. 이런 상황에서 환율이 불안해지는 상황이 또 발생할 경우 다시 대규모 손실을 보는 기업이 나올 수 있다. 모니터링 결과 투기적 선물환거래가 발견된다면 반드시 제어해야 할 것이다. 그래야 외환위기 가능성을 원천 차단할 수 있다.

요즘 환율 쉬운 경제

세계 외환시장에서의 원화 거래 비중은?

세계 외환시장에서 한국의 위상을 짐작하려면 거래 비중을 보면 된다. 아직까지는 미약하다. 한국은행에 따르면 2020년 4월 기준 세계 외환상품 거래에서 한국이 차지하는 비중은 0.7%, 장외 파생상품 거래에서 차지하는 비중은 0.1%에 불과하다.

전 세계 외환상품시장 거래 규모는 일평균 6조 6,000억 달러(7,850조 원)로, 3년 전보다 30.1% 증가했다. 이 외환거래에는 현물환, 선물환, 외환, 통화스와프, 장외옵션, 기타 파생상품 등이 포함된다. 국가별 외환거래 규모는 영국(43.1%), 미국(16.5%), 싱가포르와 홍콩(각 7.6%), 일본(4.5%) 등 상위 5개국에 집중됐다. 이들 5개국 거래 비중은 79.4%로, 3년 전 조사 때보다 2.2%포인트 높아졌다. 한국에서 일어나는 외환거래 규모는 전체의 0.7%로, 3년 전보다 순위가 한 계단 하락한 15위에 그쳤다. 통화별 거래 비중(매입·매도 양방향 거래로 비중 합계는 200%)은 미국 달러화가 88.3%로 압도적인 1위였고 유로화(32.3%), 일본 엔화(16.8%)가 뒤를 이었다. 원화 거래 비중은 2.0%로 12위였다.

금리스와프, 선도금리계약 등 전 세계 장외 금리파생상품 거래는 3년 새 142.8% 급증해 일평균 6조 5,000억 달러(7,740조 원) 규모로 집계됐다. 한국의 금리파생 거래 규모는 전 세계의 0.1%, 순위로는 20위에 그쳤다. 한국은행은 "나라별 외환·파생상품 시장 규모는 그 나라의 경제 규모에 대체로 비례한다"라고 밝혔다.

제6장

환율
재테크

동남아에 갈 때는
꼭 달러를 갖고 가라
-환전의 기술

환율을 아는 사람은 모르는 사람보다 여유 있게 해외여행을 할 수 있다. 유학, 해외 이주 때도 마찬가지이다. 환율을 알면 같은 원화로 보다 많은 외환을 환전 받아 여유롭게 생활할 수 있다. 이번에는 지금까지 습득한 개념을 바탕으로 똑똑한 환전과 환율 재테크 방법을 소개하겠다.

먼저 환전이다. 환전할 때는 보통 주거래은행을 이용하는 것이 수수료 우대 혜택을 받아 유리하다. 월급 계좌 등 기존 거래 경력에 따라 수수료를 감면받을 수 있다. 다만 마이뱅크(www.mibank.me) 등을 통해 여러 은행과 사설 환전소의 통화별 환율, 환전수수료를 비교해 볼 필요는 있다. 은행별로 집중 프로모션을 할 때가 있어서 주거래은행보다 우대하는 곳을 발견할 수도 있다. 요즘 수수료 할인 쿠폰을 발

요즘 환율 쉬운 경제

행하는 금융회사가 많으니 찾아보는 것도 좋겠다. 또한 인터넷이나 모바일 환전을 활용하는 것도 좋다. 인터넷 뱅킹과 모바일 앱에서 계좌 잔액을 통해 환전을 신청하면 내가 지정한 은행 지점이나 공항 내 영업점에서 외환을 받을 수 있다. 돈은 계좌에서 빠져나가고 출국할 때 공항에서 돈을 찾으면 된다. 은행별로 앱에서 환전을 신청하면 최대 90%까지 수수료 우대를 해준다.

해외여행을 갈 때는 웬만하면 바로 현지 화폐로 환전하는 것보다 국내에서 일단 달러로 바꾼 뒤 달러를 현지에서 그 나라 화폐로 바꾸는 '이중 환전'이 유리하다. 대부분의 나라에서 달러를 귀하게 대접하기 때문에 상대적으로 낮은 환전수수료를 적용하는 데 비해 제3국의 통화는 찾는 사람이 별로 없어 높은 수수료를 부과한다. 따라서 '원화→달러화→현지 화폐'로 바꾸면서 수수료를 두 번 내는 것이 '원화→현지 화폐'로 바꾸면서 수수료를 한 번 내는 것보다 훨씬 저렴하다. 예를 들어 국내은행에서 50만 원을 달러로 바꾼 뒤 비행기를 타고 베트남에 가서 공항 환전소에서 현지 통화(동·VND)로 환전(939만 동)하면 한국에서 바로 원화를 베트남 통화로 바꾸는 것(883만 4,000 동)보다 55만 6,000동(약 2만 9,000원)가량 더 받을 수 있다(2019년 5월 환율 기준). 다만 엔화나 유로화처럼 달러화 못지않게 잘 통용되는 화폐는 바로 환전하는 것이 수수료가 더 쌀 수 있다. 무엇이 유리한지는 은행에 문의하면 된다.

앞으로 환율이 계속 오를 것 같으면 미리 환전을 해서 좀 더 많은 외화를 확보해두는 것도 좋다. 반대로 환율이 내려갈 것 같으면 가급적 환전 시점을 늦추는 것이 좋겠다. 그래야 원화 환산 부담을 최대한 낮출 수 있다. 이런 예상이 어렵다면 원하는 환율이 되면 자동으로 환전되는 '예약 환전' 기능을 활용해보는 것도 좋다. 환율 변동성이 클 때나 큰돈을 써야 할 때 계획한 대로 금액이 확정돼서 안정성을 높일 수 있다. 그뿐만 아니라 자녀 유학비 등 거액이 필요한 사람은 외화예금을 활용하는 것도 방법이다. 환율이 하락할 때마다 환전해서 외화예금 계좌에 달러 등을 쌓아두는 것이다. 이후 필요할 때 외화예금에서 꺼내 송금하면 된다. 이때 되도록 송금 횟수를 줄여 한 번에 많이 보내는 방법을 선택하면 송금 수수료를 아낄 수 있다.

해외 결제는 카드가 나을까, 현금이 나을까?
-카드 사용의 기술

해외여행 등에서 지출을 할 때 현지 통화의 현금 대신 신용카드를 쓰기도 한다. 현금과 카드 중 무엇이 더 나을까? 환율에 대한 예상을 잘해야 한다.

원화로 대금이 확정되기까지 3일

해외에서 카드를 결제하면 3일 정도 후 대금이 확정된다. 이때 3일 이라는 기간이 무척 중요하다. 3일간 환율이 오르고 내림에 따라 손해를 볼 수도 이익을 볼 수도 있기 때문이다. 예를 들어 100달러를 결제했는데 3일 사이 환율이 1,000원에서 1,100원으로 올랐다고 하겠다. 그러면 원화 환산 대금이 결제 시점에는 10만 원(100달러×1,000원)이었지만, 3일 후 승인 시점에는 11만 원(100달러×1,100원)으로 오른다. 10만 원 정도 하는 줄 알고 샀는데, 실은 11만 원을 내야 하는 것이다.

이렇게 환율이 계속 오르는 상황이라면 카드보다는 충분히 환전한 뒤 현금을 사용하는 것이 좋다. 예를 들어 환율상승기에 2주간 여행 간다고 해보자. 출국 전 환율과 여행 말미 환율에 큰 차이가 발생할 수 있다. 2주간 환율이 계속해서 오른 결과이다. 당연히 환율이 조금이라도 낮을 때 미리 환전해둔 사람이 계속해서 오르는 환율을 적용받는 카드 사용자보다 유리하다.

반대로 환율하락기에는 가급적 늦게 환율을 적용받을 수 있도록 신용카드를 이용하는 것이 좋다. 미리 환전해둘 때와 비교해서 낮아진 환율이 적용돼 대금이 청구되기 때문이다.

환전수수료도 고려해야

다만 각종 수수료를 고려해야 한다. 환전할 때는 미국 달러 기준 1달러당 50원 정도 수수료가 붙는다. 환율이 1,000원이면 달러를 살 때는 달러당 1,050원을 내고, 팔 때는 달러당 950원만 받는 식이다. 환전하면서 발생하는 비용이다.

요즘 환율 쉬운 경제

물론 신용카드를 사용할 때도 환전수수료가 붙는다. 다만 현금을 환전할 때보다 수수료가 낮다. 기준환율이 1,000원인 상황에서 직접 환전할 때 달러당 1,050원이 적용된다면 카드 사용 시에는 1,030원으로 계산되는 식이다. 카드를 사용하면 환전수수료가 50원에서 30원으로 내려가는 것이다.

하지만 주거래은행에서 환전하면 수수료를 감면받는 것도 생각해야 한다. 현금 환전수수료가 50원에서 20원으로 내려가는 식이다. 그러면 현금 환전수수료가 카드를 사용할 때보다 저렴해진다. 수수료 감면 폭은 은행 거래 경력 등에 따라 다르다. 자신에게 무엇이 유리한지 따져봐야 한다.

카드 사용에는 별도 수수료 부과

카드를 사용할 때는 환전수수료 외에 브랜드 사용료와 환가료(Exchange Commission)도 발생하는 것을 감안해야 한다. 브랜드 사용료는 비자, 마스터, 아멕스 등 해외 네트워크를 사용하는 비용이다. 국내 카드사들은 해외 결제망이 없어 비자 등의 결제망을 빌리는데 그 이용료를 사용자가 내는 것이다. 대략 결제금액의 1% 수준이다. 환가료는 국내 카드사가 사용자에게 부과하는 비용이다. 국내 사용액에는 아무런 비용을 부과하지 않지만 해외 사용액에 대해서는 사용액의 0.5~1%를 수수료로 부과한다. 해외에서 결제가 가능한 카드 자체를 유지하는 데 비용이 든다는 이유이다. 이렇게 환가료와 브랜드 사용료를 합하면 카드 해외 사용에는 결제금액의 최대 2%의 수수료가 추가로 붙는다.

이와 같은 수수료를 고려하면 환율이 올라가지 않고 별 움직임이 없거나 심지어 소폭 내려가는 추세에서도 현금 사용이 나을지도 모른다. 현금 사용에는 환전수수료만 붙지만 카드 사용에는 환전수수료 외에 환가료와 브랜드 사용료까지 붙기 때문이다. 다만 요즘에는 카드의 해외 사용액에 대해 최고 5%까지 포인트를 주는 경우가 있으니 이것까지 고려해서 결정할 필요가 있다.

정리해보면 우선 환율이 오를 때는 현금이, 환율이 내려갈 때는 신용카드 사용이 유리하다. 환전수수료 측면에서는 신용카드 환전수수료가 현금 환전수수료보다 저렴하지만, 수수료 우대를 생각하면 현금 환전수수료가 오히려 저렴할 수 있다. 여기에 환가료 및 브랜드 사

도표 6-1 해외에서 현금과 카드 결제 비교

구분	현금 결제	카드 결제
환율이 내려갈 때	불리	유리
환율이 올라갈 때	유리	불리
환전수수료	높은 편(우대 받으면 낮은 편)	낮은 편
브랜드 사용료	없음	있음
환가료	없음	있음
멤버십 포인트	없음	있음

요즘 환율 쉬운 경제

용료가 부가되는 것까지 감안하면 전체적으로 신용카드 사용이 불리하다고 할 수 있다. 다만 카드 사용액에 따라 포인트가 쌓일 경우 카드 사용이 나을 수 있다. 이런 모든 조건을 잘 따져 유리한 것을 고를 필요가 있다.

반드시 현지 통화 기준으로 결제

해외 카드 사용 시 외국인 점원이 현지 통화 기준으로 결제할지 원화 기준으로 결제할지 물어볼 때가 있는데, 이때는 반드시 현지 통화로 결제해야 한다. 현지에서 바로 원화 기준으로 결제하려면 구입 금액을 전산상으로 환전하는 과정이 필요한데 이때 추가적으로 환전수수료를 내야 하기 때문이다. 이 수수료 가운데 일부가 판매업체에 떨어지다 보니 점원들은 질문하는 척하면서 원화 기준 결제를 유도하는 경우가 많다.

그밖에 해외에서 카드를 분실해 누군가 도용한 경우에는 신고 접수 시점부터 60일 전 사이에 발생한 카드 부정 사용액을 보상받을 수 있다. 해외에서 카드 분실·도난을 뒤늦게 알았더라도 포기하지 말고 카드사에 보상 신청을 하는 것이 좋다. 분실 후에 해당 카드를 계속 이용해야 할 상황이라면 체류 국가의 긴급 대체 카드 서비스를 활용할 수 있다. 각 나라에 있는 비자, 마스터 등의 긴급 서비스센터를 이용하면 2일 이내에 새 카드를 발급받을 수 있다. 또한 해외에서 카드로 결제할 때 이후에 카드 정보가 가맹점에 남아 누군가가 이를 도용하는 건 아닌지 걱정될 수 있는데, 이는 '출입국 정보 활용 동의 서비스'를 통해 해결할 수 있다. 가맹점 단말기에 남아 있는 카드 정보가 삭제된다. 카드사 홈페이지나 전화로 신청할 수 있다.

요즘 환율 쉬운 경제

이것만 알면 나도 환테크 고수
-환율 투자의 기술

환투자나 환투기가 자신과 먼 일이라고 생각할 수 있지만 개인도 얼마든지 참여할 수 있다.

해외펀드의 선물환 특약

금융회사들은 다양한 환 관련 상품을 판매하고 있다. 대표적인 것이 해외펀드의 선물환 특약이다. 해외펀드에 가입하면서 앞으로 환율이 떨어질 것으로 예상될 때는 이 특약을 들어두면 된다. 예를 들어 환율이 1,000원일 때 1억 원을 미국 주요 기업 주식에 투자하는 펀드에 가입했다고 해보자. 그러면 10만 달러로 환전돼 미국 주식에 투

도표 6-2 연도별 해외펀드 개설 추이

연도	펀드 수	설정액(원)
2013년	1,558	49조 6,111억
2014년	1,953	53조 4,975억
2015년	2,465	64조 6,284억
2016년	2,706	81조 4,464억
2017년	3,067	110조 2,202억
2018년	4,020	135조 9,455억

출처: 금융감독원

자된다. 미국 주가가 올라 1년 만에 10%의 수익률을 올렸다고 해보자. 펀드 잔액은 11만 달러로 증가한다. 그런데 이 기간 환율이 1,000원에서 500원으로 떨어지면 11만 달러의 가치가 5,500만 원(11만 달러×500원)으로 떨어진다. 환율이 떨어지면서 원화 환산 수익률이 −45%로 곤두박질친 것이다.

이와 같은 상황에서 약간의 수수료를 내고 선물환에 가입해놓으면 10%의 수익률을 그대로 지킬 수 있다. 앞서 선물환에 대해서 알아봤듯 환율을 1,000원에서 고정시키는 것이다. 그러면 11만 달러의 펀드 금액을 1억 1,000만 원(11만 달러×1,000원)으로 지킬 수 있다. 이렇게 환 관련 위험에서 벗어나 안정적으로 자금을 지키기 위해서는 반드시 선물환 특약에 가입해야 한다.

그런데 이와 같은 전략은 환율이 상승할 때는 되레 수익률을 저하시키는 행위가 될 수 있다. 환율이 1,000원에서 1,500원으로 올랐다

요즘 환율 쉬운 경제

고 하겠다. 그럼 11만 달러의 원화 환산 가치는 1억 6,500만 원(11만 달러×1,500원)에 이른다. 하지만 선물환에 가입한 상태라면 환율이 1,000원으로 고정되면서 원화 환산 가치가 그대로 1억 1,000만 원(11만 달러×1,000원)에 머물면서 5,500만 원을 더 벌 수 있는 기회를 날리게 된다.

이에 해외펀드에 들 때는 앞으로 환율 움직임을 정확히 예상한 후 신중히 판단해서 선물환 특약 가입 여부를 결정해야 한다. 환율상승에 따른 수익 기회를 포기하더라도 안정적으로 수익을 확정시키는 것이 좋다면 선물환 특약에 가입하고, 공격적으로 환율상승을 즐기고 싶다면 선물환 특약에 가입하지 않으면 된다.

외화예금도 만들어볼까?

외화예금을 통해서도 환투자를 할 수 있다. 외화예금을 개설해두면 필요에 따라 언제든 원화를 달러로 환전해서 입금할 수 있다. 은행은 여기에 이자도 지급한다. 6개월, 1년 등 단위로 예금하는 정기예금 형태도 있다. 보통예금보다 높은 금리를 준다. 외화예금을 운용하면서 앞으로 환율이 오를 것으로 예상될 경우 달러를 구입해 입금해두면 된다. 환율이 오르면 환차익을 누릴 수 있다. 반대로 환율이 내려갈 것으로 예상될 경우 통장 잔액을 모두 원화로 바꿔두면 된다. 추후 환율이 실제로 떨어지면, 이때 원화를 달러로 환전해 입금해서 외화 예금 잔액을 키울 수 있다. 하지만 예상이 엇나가면 손실을 볼 수 있어 주의가 필요하다.

도표 6-3 연도별 달러화 예금 추이

연도	예금액
2014년	360
2015년	472.5
2016년	496.6
2017년	707.9
2018년	633
2019년 5월	556.5

출처: 한국은행, 단위: 억 달러

달러로 주가를 환산해보자

국내 주식에 투자할 때도 환율을 활용하는 것이 좋다. 달러 기준 주가를 뽑아보는 것이다. 예를 들어 삼성전자 주가가 5만 원인데 1달러당 환율이 갑자기 1,000원에서 2,000원으로 올랐다고 해보자. 그러면 달러로 환산한 삼성전자 주가는 50달러(5만 원÷1,000원)에서 25달러(5만 원÷2,000원)로 크게 떨어진다. 원화 기준 주가는 그대로인데, 달러 기준 주가는 급락한 것이다. 그러면 달러를 기준으로 판단하는

요즘 환율 쉬운 경제

외국인 입장에서 지금의 삼성전자 주식은 매우 싼 주식이 된 것일 수 있다. 원래 50달러 하던 주식을 25달러에 얻는 것이다. 25달러를 1달러=2,000원의 환율로 환전하면 5만 원을 얻을 수 있고, 삼성전자 주식 1주를 살 수 있다. 예전에는 삼성전자 주식 1주를 구입하려면 50달러가 있어야 했는데, 이제는 25달러만 있으면 되는 것이다.

갑자기 오른 환율은 언젠가 정상으로 돌아간다. 2,000원으로 튀어오른 환율이 1,000원으로 돌아가는 것이다. 그러면 지금 25달러인 삼성전자 주식은 언젠가 50달러로 다시 복귀한다. 2배로 오르는 것이다. 이를 예상하는 외국인이 많을 경우 삼성전자 등 국내 주식에 대한 투자가 크게 늘어나게 된다. 이렇게 주식 매수세가 생기면 당연히 주가는 올라가게 된다. 그래서 환율이 '크게 오른 후'라서 앞으로 환율이 떨어질 가능성이 있다면 주요 종목의 주식 매수를 추천하는 전문가가 많다. 다만 경제 상황이 매우 불확실할 때는 원화 기준 주가 자체가 크게 떨어질 수 있어서 이런 전략이 통하지 않을 수 있다. 이때는 다른 경제 변수도 함께 살펴 매입 시점을 결정해야 한다.

환율은 우리와 먼 이야기가 아니다. 환율과 재테크를 합성해서 '환테크'라고도 하지 않는가. 환율을 적절하게 활용하면 누구나 얼마든지 수익을 거둘 수 있다. 투자뿐 아니다. 어떤 경제 활동을 하든 반드시 환율에 대한 예상이 필요하다. 환율에 대해 계속 깊은 관심을 가져야 하겠다.

갈수록 진화하는 외화예금

외화예금도 갈수록 진화하고 있다. 5대 은행에서 지금 가입할 만한 외화예금을 추천받았다.

신한은행의 '달러 More 환테크 적금'은 환율이 오를 것을 대비해 미리 달러를 적립하는 것을 돕는 상품이다. 내가 지정한 환율 이하로 떨어지면, 자동이체를 통해 달러를 사 모으고, 환율이 일정 수준 이상으로 오르면 자동이체를 중단하는 상품이다.

KB국민은행의 'KB WISE 외화 정기예금'은 내가 정하는 주기 (1·3·6개월)에 따라 이자율이 바뀌는 상품이다. 환율이 갑자기 크게 오를 것 같으면 주기를 짧게 하고, 환율이 장기간 안정되거나 떨어질 것 같으면 주기를 길게 해서 내게 유리한 금리 조건을 만들 수 있다.

하나은행의 '더 와이드 외화 적립예금'은 차익 실현에 유리한 예금이다. 환율이 많이 올랐다고 생각하면 만기 이전에도 중간에 분할 인출해서 차익을 실현할 수 있다. 만기 때 지금보다 환율이 떨어질 것으로 예상된다면 중도 인출을 선택해도 된다.

우리은행의 '환율 CARE 외화 적립예금'은 환율 변동에 따라 이체

외화금액을 조절해준다. 미리 정한 자동이체일 전날 환율과 직전 3개월 평균 환율을 비교해, 환율이 낮으면 달러를 많이 사고 높으면 덜 사는 식이다. 달러뿐 아니라 여러 외화를 동시에 모으는 걸 택할 수도 있다.

이밖에 NH농협은행의 '다통화 월복리 외화 적립예금'은 한 계좌에 최대 10가지 통화를 모으면서 월 복리로 이자를 주는 상품이다.

제7장

정부와
한국은행의
환테크,
시장개입

외환시장 안정을 위한
최후의 보루
-외환보유고, 구두 개입, 통화안정증권

환율은 너무 높지도 낮지도 않게 적정 수준을 유지하면 좋다. 그래야 경제가 안정적으로 돌아갈 수 있다.

정부와 한국은행은 환율이 적정 수준을 유지할 수 있도록 다양한 정책을 구사하고 있다. 이런 노력을 '시장개입'이라고 부른다. 환율이 너무 높을 때는 낮추기 위해 노력하고, 너무 낮을 때는 높이기 위해 노력하는 것이다. 시장개입은 어떻게 보면 정부와 한국은행이 하는 환테크라고도 볼 수 있다. 국가 경제를 잘 운영하기 위해 환율을 활용하는 것이기 때문이다.

우선 한국은행의 시장개입부터 알아보겠다.

요즘 환율 쉬운 경제

한국은행의 힘, 외환보유고

한국은행 시장개입의 힘은 '외환보유고'에서 나온다. 외환보유고는 한국은행이 확보해서 관리하는 외환을 의미한다. 한국은행은 경상수지 흑자 등을 통해 국내로 외환이 유입되면 이를 흡수해 외환보유고로 쌓아둔다. 이렇게 외환보유고를 쌓았다가 필요할 때 쓰는 것 자체가 한국은행의 시장개입 방법이다. 과정은 다음과 같다.

예를 들어 일신향업이 수출대금을 받으면 이 가운데 일부만 외화통장에 보관하고 나머지 대부분을 은행을 통해 환전한다. 그래야 인건비나 재료비 등을 댈 수 있기 때문이다. 은행은 일신향업 같은 수출기업으로부터 받은 달러를 외환시장에서 원화로 바꿔 일신향업에게 지급한다. 이런 식으로 외환시장에 달러가 많이 풀리면 환율이 하락할 가능성이 커진다. 이때 한국은행이 나선다. 외환시장에 개입해 달러를 사들이는 것이다. 그러면 시중에 돌아다니는 달러 유통량이 줄어들어 환율하락세가 진정된다. 한국은행은 이렇게 사들인 달러를 외환보유고로 쌓아둔다. 이런 과정을 통해서 경상수지 흑자가 커지면 자연스레 외환보유고도 늘어나게 된다. 즉 환율하락을 방어하는 과정에서 외환보유고가 늘어나는 것이다.

한국은행이 보관해둔 달러는 급할 때 유용하게 쓰인다. 환율이 지나치게 많이 오를 때 사용하는 것이다. 외환시장에 달러가 부족해서 환율이 크게 오르면 외환보유고로 갖고 있는 달러를 시장에 풀어 달러를 공급한다. 그러면 시중에 달러 유통량이 늘면서 환율상승세가 진정될 수 있다. 평소 충분한 외환을 쌓아두고 있다면 경제에 어려움이 생겨서 환율이 급등하려는 압력이 생겨도 막대한 양의 외화를 시장에 공급함으로써 환율을 안정시킬 수 있다. 외환보유고가 경제위기 때 강력한 힘을 발휘하는 것이다.

환율이 크게 오를 때 안정 효과를 높이려면 개입 시기를 적절하게 선택하는 것이 중요하다. 아직 시장 불안이 가시화되지 않았는데 무리하게 개입하면 정작 개입이 필요할 때 실탄이 부족해질 수 있다. 반대로 개입 시기를 놓치면 시장 불안이 걷잡을 수 없이 커져버린 뒤라 뒤늦은 개입으로는 아무런 효과를 발휘하지 못할 수도 있다.

입으로 끝낸다, 구두 개입

한국은행의 개입은 '구두 개입'과 함께 이뤄지기도 한다. 방식은 주로 언론을 통한다. 앞으로 어떤 조치를 취할 것이라는 사실을 언론에 밝혀 시장에 강력한 신호가 가도록 하는 것이다. 그러면 외환시장 관계자들은 정부가 강력한 대응을 할 것이라는 예상을 하게 된다. 예를 들어 환율 급등이 문제 될 때 한국은행이 "갖고 있는 외환보유고를 총동원해서 시장에 외환을 풀어 환율을 안정시키겠다"라고 밝히면 앞으로 달러가 많이 풀릴 것이라는 시장의 기대가 형성된다. 이는 '환율

요즘 환율 쉬운 경제

도표 7-1 연도별 외환보유액 추이

연도	외환보유액
2004년	1,990.7
2005년	2,103.9
2006년	2,389.6
2007년	2,622.2
2008년	2,012.2
2009년	2,699.9
2010년	2,915.7
2011년	3,064.0
2012년	3,269.7
2013년	3,464.6
2014년	3,635.9
2015년	3,679.6
2016년	3,711.0
2017년	3,892.7
2018년	4,036.9

출처: 한국은행(각 연말 기준), 단위: 억 달러

이 곧 내려갈 것이니 갖고 있는 달러를 팔아야겠다'는 생각으로 이어진다. 100만 달러를 갖고 있는데 환율이 달러당 1,500원에서 1,000원으로 내려가면 원화로 환산한 100만 달러의 가치가 15억 원에서 10억 원으로 떨어져서 손해를 보게 되니 환율이 아직 1,500원일 때 달러를 미리 팔아야겠다는 생각을 하고 실천하게 되는 것이다. 시장 관계자 모두가 이런 생각과 행동을 하게 되면 시장에는 곧 달러가 쏟아져 나오게 된다. 그러면 한국은행이 굳이 외환보유고를 풀지 않아도 환율이 내려갈 수 있다. 정부가 본격적으로 개입하겠다고 공언하는 것만으로도 정부 입장에서는 투자가들의 긍정적인 행위가 일어나면서 시장이 스스로 안정되는 것이다.

다만 구두 개입이 제대로 통하지 않을 때가 있다. 투자가들이 정부를 신뢰하지 않을 때이다. 이럴 때는 강력한 구두 개입과 실행이 오히려 시장 관계자의 불안을 자극할 수 있다. 괜히 갖고 있는 외환을 모두 풀었다가 외환보유고가 바닥나면서 한국은행이 힘을 잃을 수 있다는 우려가 생기는 식이다. 그러면 환율안정은 불가능하다는 전망이 생기고 서로 달러를 확보하려는 움직임이 오히려 강화될 수 있다.

결국 구두 개입이 성공하려면 외환시장 참가자들의 확실한 신뢰를 얻는 것이 중요하다. 개입의 진정성에도, 외환보유고에도 신뢰가 있어야 하는 것이다. 그래야 투자가들의 예상에 확실한 영향을 주면서 정책이 성공할 수 있다.

외환보유고는 다다익선일까?

외환보유고는 얼마나 있어야 안정적인 걸까? 크게 2가지 견해가 있다. 우선 IMF 등 세계적 금융기구들은 최소 3개월 수출입액의 합계에 해당하는 금액 정도는 갖고 있는 것이 좋다고 권고한다. 다음으로 국가 유동외채(1년 내 만기가 돌아오는 모든 외채) 수준까지 확보해야 한다는 견해가 있다. 그러면 최악의 경제 상황에서도 1년 내 만기가 돌

도표 7-2 세계 외환보유액 순위

순위	국가	외환보유액
1	중국	3조 956
2	일본	1조 3,173
3	스위스	8,366
4	러시아	5,420
5	사우디아라비아	5,001
6	대만	4,741
7	인도	4,513
8	홍콩	4,342
9	한국	4,075
10	브라질	3,664

출처: 한국은행(2019년 말 기준), 단위: 억 달러

아오는 모든 외채를 갚을 수 있다. 2019년 기준 한국은 두 가지 기준을 모두 충족한다. 한국의 외환보유고는 4,074억 6,000만 달러(2019년 말 기준)로 세계 9위에 해당한다. 한국보다 앞선 나라는 중국, 일본, 스위스, 러시아, 대만, 인도 등이다.

또한 외환보유고가 많을수록 좋다는 주장도 있다. 언제 올지 모르는 위기에 대비하기 위해 가급적 많은 외환을 쌓아두고 있어야 한다는 것이다. 적어도 한국에 들어와 있는 모든 외국인 자금의 합계액만큼은 외환보유고를 확보하고 있어야 한다는 주장도 있다. 과거 한국 경제의 경험은 이와 같은 주장의 당위성을 증명한다. 1997년 IMF 구제금융 사태는 외환보유고가 바닥나 발생했고, 2008년에도 리먼브라더스(Lehman Brothers) 파산 이후 3개월 만에 외환보유고가 1,000억

달러나 감소하면서 외환위기 목전까지 간 바 있다. 당시 은행들은 해외에서 부채 상환 요구가 들어오자 한국은행에게 달러를 공급해달라고 요청했고, 한국은행이 이와 같은 요구에 응하면서 외환보유고가 급속도로 감소한 바 있다. 이런 사태에도 외환보유고가 바닥나지 않으려면 평소 충분한 양의 외환보유고를 확보하고 있어야 한다는 것이 '다다익선'론의 주장이다.

하지만 지나치게 많은 외환보유고는 경제에 오히려 짐이 될 수 있다. 유동성 증대 효과 때문이다. 한국은행이 외환보유고를 늘리기 위해 시장에서 달러를 계속 사들이다 보면 반대편에서는 이에 상응해서 원화가 풀린다. 한국은행이 환율에 따라 원화를 주고 달러를 사들이기 때문이다. 막대한 양의 원화 공급은 물가상승, 부동산 가격 상승 같은 부작용을 가져올 수 있다.

한국은행이 시장에 돌아다니는 달러를 그대로 내버려두고 흡수하지 않으면 환율은 내려가겠지만, 환율하락을 방어하기 위해 외환보유고를 키우게 되면 물가상승이 불가피해진다.

이때 두 마리 토끼를 잡을 수 있는 수단이 있다. '통화안정증권'이라는 이름의 채권을 발행하는 것이다. 한국은행이 통화안정증권을 발행해 시중에 판매하면 투자가들은 한국은행에 돈을 내고 채권을 사간다. 그만큼의 돈이 한국은행으로 흡수되는 것이다. 한국은행이 외환보유고로 달러를 흡수할 때 풀게 되는 만큼의 원화를 통화안정증권을 통해 다시 흡수할 수 있으면 환율안정의 대가로 유동성이 늘면서 물

> ### 한국은행의 외환보유고 축적 과정
>
> 경상수지 흑자 → 달러 공급 증가 → 환율하락 → 한국은행 달러 매입, 외환보유고 증가 → 원화 유통 증가, 환율상승 → 물가상승 → 통화안정증권 발행 → 한국은행으로 원화 흡수 → 물가안정 → 한국은행 이자 부담 발생 → 외환보유고 및 통화안정증권 운용 제약 발생

가가 오르는 부작용을 막을 수 있다.

하지만 여기에는 치명적인 약점이 있다. '이자'이다. 투자가들은 통화안정증권을 그냥 구입하지 않는다. 한국은행이 제공하는 이자 조건을 보고 구입한다. 한국은행이 통화안정증권을 판매해 유동성을 흡수하기 위해서는 이자를 지급해야 하고, 이는 한국은행에 큰 부담을 남긴다. 또한 경제주체들에게 풀리는 이자는 시중 유동성을 키우는 역할을 할 수 있다. 유동성을 흡수하기 위해 통화안정증권을 발행했는데, 그 이자가 다시 유동성을 키우는 역할을 하는 것이다. 이를 막으려면 추가로 통화안정증권을 발행해서 이자로 풀리는 유동성까지 흡수해야 하는데, 통화안정증권 발행량이 지속적으로 늘면서 이자 부담도 계속 커지는 악순환이 벌어질 수 있다.

이자가 너무 많아지면 한국은행은 통화안정증권 발행에 부담을 느낄 수밖에 없다. 그렇게 증권을 더 이상 발행하지 못하면 외환보유고를 쌓는 과정에서 풀리는 원화를 충분히 흡수할 수 없게 된다. 그러면

물가상승과 같은 부작용을 피할 수 없게 된다. 이런 일이 심화되면 종국에는 물가상승을 우려해 달러를 흡수하는 것 자체가 어려워진다. 외환보유고를 더 이상 쌓지 못하는 것이다.

통화안정증권 발행은 환율 인상 정책의 효과를 감퇴시키는 역할도 한다. 통화안정증권이 대거 발행되면 투자가들은 고민을 하게 된다. '기존의 회사채도 있고, 국채도 있고, 거기에 통화안정증권까지… 이렇게 채권이 많아졌는데 어디에 투자할까?' 이런 상황에서 채권 발행 주체들이 투자가들의 시선을 끌려면 예전보다 높은 금리를 줘야 한다. 그래야 선택받을 수 있다. 이런 행위는 결국 전반적으로 채권 금리를 올리게 만든다. 그러면 높은 금리를 보고 외국에서도 자금이 들어온다. 달러가 유입되는 것이다. 이렇게 달러 공급이 늘면 다시 환율이 내려간다. 정부의 환율 인상 정책을 상쇄해버리는 것이다. 통화안정증권은 결국엔 갚아야 하는 빚이란 점을 생각해야 한다. 추후 경제에 큰 짐이 될 수 있다.

이런 우려들 때문에 시장개입을 하면서 통화안정증권을 충분히 발행하지 못하는 경우가 나온다. 물가상승을 방치하는 것이다. 결국 외환보유고를 쌓는 과정에서 발생하는 물가상승의 부작용은 완벽하게 피하기 어렵다. 그러다 물가상승이 과도해지면 환율하락 방어가 어려워진다. 결국 외환보유고는 현실적으로 계속 쌓기 어렵고, 무조건 많이 쌓는 것이 좋다고도 할 수 없다. 부작용을 최소화하면서 충분한 시장개입 효과를 내기 위해서는 적절한 적립 수준을 찾아낼 수 있어야 한다. 한국은행의 치밀한 대처가 필요하겠다.

운용에 조심스러운 외환보유고

외환보유고를 잘 운용하는 것도 중요하다. 한국은행은 외환보유고에 있는 달러를 그냥 방치하지 않는다. 달러로 구입 가능한 각종 해외 자산에 투자한다. 그래야 운용 수익을 내서 외환보유고를 보다 늘릴 수 있고, 외환보유고 관리 비용을 충당할 수도 있다.

그런데 운용이 쉽지 않다. 한국은행의 외환보유고 운용은 대부분 미국 국채에 투자하는 정도에 그치고 있다. 미국 국채는 미국 정부가 부도를 내지 않는 한 떼일 염려가 없는 지구상에서 가장 안전한 자산이다. 반면 수익률은 극히 낮다. 안전한 만큼 수익률이 떨어지는 것이다. 심지어 물가상승률조차 벌충하지 못할 때가 있다. 물가가 상승하는 만큼 화폐가치가 떨어지는 것을 감안하면 외환보유고의 실질 가치는 시간이 지날수록 떨어지고 있다는 뜻이 된다. 그렇다고 섣불리 해외 주식, 해외 부동산, 외국 회사채 등에 대한 투자를 늘리는 것도 어렵다. 자칫 손실을 봤다가 위기 대응을 위한 최후의 보루가 무너질 위험이 있다. 혹시라도 위기가 발생하면 재빨리 현금화하여 이를 국내 외환시장에 풀어야 하는데 미국 국채를 제외한 다른 자산은 현금화하기에 불편한 점이 많다. 당장 돈이 필요한데 언제 부동산을 팔아 돈을 마련하겠는가. 그래서 무작정 고수익, 고위험의 자산에 투자할 수도 없는 노릇이다. 결국 어쩔 수 없이 미국 국채 같은 안전자산 위주로 운용하고 있다.

한국은행은 이를 보완하기 위해 정부가 설립한 한국투자공사(KIC)에 일부 운용을 맡기고 있다. 전체 4,020억 달러 가운데 250억 달러를 KIC에 맡기고 있다. 한국은행이 직접 고위험 자산에 투자할 수 없으니 투자 의뢰라도 하는 것이다. KIC처럼 국가 자금으로 해외 투자를 하는 기관을 '국부펀드'라고 한다. 싱가포르의 GIC, 사우디아라비아의 PIF 등이 대표적이다. 안타깝게도 여러 국부펀드들 가운데 KIC는 수익률이 부진한 편에 속한다. 지난 2008년 해외 금융위기 직전 미국의 투자은행 메릴린치(Merrill Lynch)에 투자했다가 거액의 손실을 보는 등 큰 투자 실패 사례도 여럿 있다.

한편 외환보유고 가운데 금 보유를 늘려야 한다는 지적도 있다. 세계금위원회(WGC)가 집계한 바에 따르면 한국이 보유한 금은 2010년 기준 14.4t으로 조사 대상 113개 국 중 57위에 불과하다. 외환보유고가 세계 9위라는 것을 감안하면 턱없이 부족한 수치이다. 금은 달러 못지않게 전 세계에서 통용되는 안전자산인 데다 시장 상황에 따라 매매차익을 기대할 수 있는 상품이기도 하다. 적극적으로 매매하면 외환보유고 운용 수익률을 높일 수 있고, 위기 시 현금화도 용이하다. 이에 따라 금 투자를 늘려야 한다는 주장이 있다.

요즘 환율 쉬운 경제

정부에도 외환시장 안정을 위한 곳간이 있다
-외국환평형기금, 외평채 가산금리

한국은행뿐만 아니라 정부도 외환보유고와 비슷한 곳간을 갖고 있다. '외국환평형기금'이라는 것이다. 정부가 환율의 급등락을 막기 위해 조성한 기금이다.

외평기금과 외평채

외국환평형기금(외평기금)은 원화 계정과 달러화 계정으로 나뉘어 있다. 외환시장에 달러가 지속적으로 유입되면서 환율이 급격히 하락하는 상황이라면 정부는 원화 계정에 있는 원화를 통해 달러를 사들인다. 그러면 달러가 상대적으로 귀해지면서 환율이 올라간다. 사들인 달러는 외국환평형기금의 달러화 계정에 쌓아둔다.

반대로 외환시장에 달러가 부족해 환율상승세가 심각한 상황이라면 정부는 달러화 계정에 들어 있는 달러를 외환시장에서 매각한다. 그러면 달러 품귀 현상이 사그라들면서 환율상승세를 막을 수 있다. 달러를 팔아 벌어들인 원화는 외국환평형기금의 원화 계정에 쌓아둔다. 요약하면 환율이 내려갈 때는 원화 계정을, 환율이 올라갈 때는 달러 계정을 쓰는 것이다.

외국환평형기금은 경우에 따라 부족할 수 있다. 예를 들어 환율상승세가 매우 심각한 상황이라면 막대한 양의 달러를 풀어야 겨우 상승세가 진정된다. 하지만 곳간 속 달러가 부족할 수 있다. 이때 정부는 채권을 발행한다. 투자가가 채권을 사면 그에 상응하는 돈이 곳간으로 들어온다. 달러 계정을 채울 때는 해외에서 외국인 투자가를 대상으로 달러 표시 채권을 발행한다. 원화 계정을 채울 때는 국내에서 내국인 투자가를 대상으로 원화 표시 채권을 발행한다.

이와 같은 목적으로 발행되는 채권을 '외국환평형기금채권'이라고 한다. 줄여서 '외평채'라 한다. 정부는 수시로 외평채를 발행해 곳간을 채워둔다. 매년 곳간 상황을 확인해서 발행 계획을 세워 발행한다. 앞으로 자금이 많이 필요할 것 같으면 평소보다 많이 찍고, 당분간 자금이 별 필요 없을 것 같으면 발행량을 줄이는 식이다. 경제가 아주 안정적일 때는 굳이 외국인에게 이자를 주며 많은 채권을 발행할 필요가 없으니 줄이는 것이다. 그러다 경제위기 상황이 오면 대규모로

요즘 환율 쉬운 경제

채권을 긴급 발행해서 가용자금을 충분히 확보한다. 외환이 무척 부족해 외환위기가 벌어질 수 있는 상황이라면 해외에 달러 표시 외평채를 대규모로 발행해서 달러를 모집한 뒤 외환시장에 공급한다.

경제 안정성을 보여주는 외평채 가산금리

외평채 금리는 리보(LIBOR)와 같은 국제적으로 통용되는 금리를 기준으로 결정된다. 리보란 런던 중앙은행의 기준금리를 의미한다. 이런 금리를 기준으로 추가 금리가 붙어 최종 금리가 결정되는데, 덧붙는 추가 금리를 '외평채 가산금리'라고 한다. 예를 들어 리보가 연 1%고 외평채 가산금리가 2%포인트라면 최종적으로 외평채 금리는 연 3%가 된다.

외평채 금리 = 기준금리(리보, 미국 국채 금리 등) + 가산금리
3% = 1% +2%

외평채 가산금리는 한국 경제 상황에 따라 달라진다. 한국 경제가 매우 안정적이라면 외국인들은 한국 정부가 발행한 채권을 안전하게 본다. 그러면 이자를 덜 줘도 외평채를 구입한다. 외평채 가산금리가 내려가는 것이다. 반대로 한국 경제가 매우 불안하면 외국인들은 한국 정부가 발행하는 채권 구입을 꺼리게 된다. 그럼에도 사게 하려면 매우 높은 이자를 줘야 한다. 외평채 가산금리가 오르는 것이다.

정리하면 외평채 가산금리는 경제 상황에 따라 매우 민감하게 반응해서 움직인다. 그래서 경제가 얼마나 안전한지를 보여주는 주요 지표 중 하나로 사용할 수 있다. 한국은 특히 민감하다. 2008년 말 글로벌 금융위기 때 한국에 제2의 외환위기가 발생할 수 있다는 우려가 확산된 적이 있다. 그러자 외평채 가산금리가 무려 연 10%포인트 내외로 치솟았다. 리보 금리에 연 10%포인트 내외를 더해야 겨우 외국인에게 외평채를 팔 수 있다는 뜻이다. 선진국은 물론 인도네시아, 말레이시아 같은 개발도상국보다 높은 수준이었다. 거의 투기 등급에 해당했다. 투기 세력에게나 팔 수 있는 채권이 된 것이다. 당시 외국인들이 한국의 상황을 얼마나 불안하게 봤는지 알 수 있다. 그러면서

도표 7-3 글로벌 금융위기 전후 내려간 달러화 대비 엔화 환율

연도	환율
2006년	118.8
2007년	112
2008년	90.3
2009년 1월	89.4

출처: 블룸버그, 단위: 엔(달러당)

※2008년에는 1달러를 사는 데 평균 90.3엔이 들었는데, 2009년 1월에는 89.4엔만 주면 1달러를 살 수 있으므로 엔화 가치가 올라간 것임.

요즘 환율 쉬운 경제

환율도 급등했다.

반면 일본의 엔화는 기축통화 중 하나로 인정받았다. 엔화는 세계 경제위기 때면 안전자산으로 인식되면서 돈이 몰려 가치가 오히려 더 올라간다. 당연히 외평채 가산금리에도 큰 변화가 없다. 오히려 내려가는 경우도 있다.

2008년 글로벌 금융위기 때 유독 한국의 가산금리만 불안했던 이유는 크게 3가지가 있다. 첫째, 한국은 과거 외환위기를 겪은 전력이 있다. 둘째, 한국은 선물환거래 등으로 인해 단기외채가 많다. 일시 상환 요구가 들어오면 어려움을 겪을 가능성이 있었다(제5장 "2. 팔면 파는 대로 다 받아주는 은행은 호구인가?" 참조). 셋째, 한국은 다른 개발도상국에 비해 시장 개방도가 높고 외국인 투자가 많은 편이다. 한국 주식 시장의 외국인 보유 비중은 국제적으로도 높은 편이다. 이런 상황에서 세계 경제위기가 발생하면 외국인 투자가들은 투자한 금액을 회수한다. 이때 빠져나가는 달러의 양이 막대해서 큰 충격을 받을 가능성이 있다. 이와 같은 요인들 때문에 당시 한국은 경제 체력에 비해 가산금리가 지나치게 올라간 경향이 있었다.

2019년 한국의 외평채 가산금리는 매우 낮은 수준이다. 2019년 6월 정부는 5년 만기 외평채를 30bp(베이시스 포인트의 줄임말로, 0.01% 포인트를 의미한다. 소수점 이하로 수치가 나타나면 사용하기 불편해져 bp로 나타낸다. 30bp=0.01%포인트×30=0.3%포인트) 가산금리로 발행했다. 리보 같은 글로벌 기준금리에 불과 0.3%포인트 금리만 더 주고 외평채를 발행했다는 뜻이다. 역대 가장 낮은 수준으로, 이 정도면 웬만한 선진국보다 낮은 수준이다. 이렇게 세계 경제 상황이 안정적일 때 한국은 그 어떤 나라와 비교해도 낮은 가산금리를 자랑한다. 그러나 다시 위기 상황이 되면 그 어느 나라보다 높게 치솟을 수 있다. 그래서 외환 당국은 외환시장 안정성을 높이기 위한 노력을 계속할 필요가 있다. 그나마 2019년 9월 기준 현재는 2008년 글로벌 금융위기 때와 비교하면 단기외채 등 측면에서 건전성이 많이 개선된 상태이다. 여기서 방심하지 말고 선진국 수준의 안정성에 도달할 수 있도록 지속적인 노력이 필요하겠다.

　한편 외평채 가산금리는 국내은행과 기업들이 해외에서 채권을 발행할 때 지표 금리 역할도 한다. '가장 믿을 만한 정부가 이 정도 금리로 돈을 빌렸으니 기업과 은행들에는 이보다는 약간 높은 금리로 빌려주면 되겠다'는 식의 기준이 되는 것이다. 외환위기가 우려될 때 정부의 이와 같은 역할이 무척 중요해진다. 위기가 터지면 외국인들은

도표 7-4 외화 차입 가산금리 추이

연도	가산금리
2016년	66
2017년	68
2018년 10월	58
2018년 12월	30

출처: 한국은행, 단위: bp

※각 기간별로 한국이 발행한 외국환 채권의 가산금리를 평균한 수치임.

　　　　　　　　　　　　　　요즘 환율 쉬운 경제

한국 기업과 은행들에게 어느 정도 금리로 돈을 빌려줘야 할지 감이 잡히지 않는다. 이때 정부가 해외에서 채권을 발행해 지표를 설정해주면 이를 기준으로 국내은행과 기업들도 돈을 빌릴 수 있다. 정부의 외평채 가산금리가 결정되면서 국내은행과 기업들의 외화 차입에 따른 가산금리도 결정되는 것이다. 이에 위기가 터지면 외환보유고가 충분해 굳이 추가로 외환을 확보할 필요가 없다 하더라도 정부가 해외 채권 발행에 나설 필요가 있다. 그래야 국내은행과 기업에 적용되는 기준을 만들 수 있다. 다만 위기 때 정부가 급하게 채권 발행에 나서면 한국의 외환 사정이 다급하다는 오해를 줄 수 있다. 그럴 때는 산업은행이나 수출입은행 같은 국책은행들이 그 역할을 대신한다. 이들이 채권을 발행해서 민간기업을 위한 기준을 제시해주는 것이다.

어설프면 독이 되는 정부 개입

정부가 외평기금을 운영하는 것은 환율을 안정적으로 유지하기 위해서이다. 외평기금으로 달러와 원화의 유통량을 조절해서 환율이 너무 오르거나 내리지 않도록 제어하는 것이다. 이런 시장개입은 시장 참가자들의 심리에 영향을 줄 수 있을 때 힘이 배가된다. 예를 들어 환율이 급락하고 있을 때 정부가 달러를 사들여서 돌아다니는 달러를 없애면 달러가 상대적으로 귀해지면서 환율이 오른다. 이때 시장 관계자들 사이에서 환율이 계속 오를 것이라는 심리가 생기면 민간에서도 미리 달러를 확보해두자는 움직임이 생기고 그에 따라 달러 매수세가 형성되면서 환율이 더 오를 수 있다. 정부의 시장개입이 민간의 행동 변화까지 유도하면서 개입 효과가 커지는 것이다. 지금 달러를 사는 것이 환율이 크게 오른 뒤 사는 것보다 유리하다는 인식이 생긴 결과이다. 정부가 이런 민간 심리를 자극하기 위해서는 지속적으로 개입할 것이라는 신호를 줘야 한다. 개입이 일회성에 그치면 효과는 제한적이다. 정부가 지속적으로 달러를 사들임으로써 지금의 행위가 일회성이 아니라는 신호를 주면 정부 매수세가 시장의 한 축을 형성하면서 환율이 계속 오를 것이라는 민간의 기대를 만들 수 있다.

다만 시장의 힘이 너무 한쪽으로 쏠려 있으면 정부가 아무리 개입해도 그 효과가 미풍에 그칠 수 있다. 특히 달러가 부족해 환율이 급등할 경우에는 정부가 시장에 지속적으로 달러를 공급해야 시장이 안정되는데, 이를 위해서는 정부의 외환보유량이 충분해야 한다. 원화가 아니기 때문에 부족하다고 해서 마음대로 찍어낼 수 없다. 당장 부족하면 해외에서 외평채를 발행해 추가 조달해야 하는데, 위기가 심각할 때는 발행에 한계가 있다. 한국의 외평채를 사려는 수요가 크지 않기 때문이다. 이럴 때는 정부가 충분한 개입으로 시장에 신호를 주고 그에 따라 곧 환율이 안정될 것이라는 기대를 만들고 싶어도 능력

(기금) 부족으로 실행하기 어렵다.

결국 정부의 개입은 시장에 대한 적절한 신호 전달과 확실한 물량이 맞물릴 때 그 힘이 제대로 발휘된다. 그러지 않고 어설프게 개입하거나 임기응변만 할 경우에는 오히려 시장에 혼란만 부추길 수 있다. 정부가 보유한 달러가 바닥나는데도 국가 전체적으로 엄청난 달러 품귀 현상이 생겨 환율이 주체할 수 없을 정도로 급등하는 식이다. 정부는 능력 범위 내에서 적절한 유효 타격만 할 수 있어야 이런 일을 피할 수 있을 것이다.

정부가 선물환 도박에
뛰어들었던 이유
-역외차액선물환(NDF)

정부는 환율안정을 위해 외평기금을 활용해 선물환거래도 한다. 정부의 주요 거래 대상은 외국인 투자가이다. 정부가 참여하는 선물환시장은 해외에서 거래가 이뤄진다는 뜻에서 '역외시장'이라고 한다. 역외시장에서 거래되는 선물환은 '역외차액선물환(NDF)'이라고 부른다.

환율안정 욕심에 뛰어든 도박판

정부는 주로 환율하락이 문제 될 때 역외선물환거래를 한다. 역외선물환을 매입함으로써 선물환율을 올리고 이를 통해 현물환율까지

요즘 환율 쉬운 경제

끌어올리겠다는 전략이다.

이와 같은 거래가 대량으로 이뤄진 일이 있었다. 2003년 12월부터 2004년 6월까지 이뤄진 NDF 거래였는데, 당시 정부는 400억 달러 넘게 역외선물환을 매입한 바 있다. 전례를 찾아보기 어려운 대량 매입이었다. 이렇게 대규모로 선물환을 매입하면 선물환율이 올라가고 그에 따라 현물환율도 올라갈 것으로 기대했다(제5장 "1. 5억 원을 단숨에 10억 원으로 불리는 마법" 참조).

재원에도 원인이 있었다. 환율안정을 위해 현물환 시장에서 400억 달러를 흡수하려면 그에 상응하는 막대한 원화(달러당 1,000원이라면, 40조 원)가 필요하다. 400억 달러를 사기 위해 40조 원이나 마련해야 하는 것이다. 반면 400억 달러 선물환은 이것의 10%인 40억 달러의 증거금만 선물거래소에 내면 매입할 수 있다. 나중에 차액을 주고받을 용도로 증거금을 내면 선물환거래를 할 수 있는 것이다. 이는 곧 선물환시장에 개입하면 40억 달러로 400억 달러의 개입 효과를 낼 수 있다는 것을 뜻한다. 갖고 있는 재원의 10배에 달하는 개입 효과를 내는 것이다. 정부는 이를 노려 선물환시장에 참여했다.

당시 매입 거래의 계약 환율은 달러당 1,250원이었다. 환율이 어떻든 간에 정부가 달러당 1,250원의 가격을 보장해주는 것이다. 어떻게 보면 환율이 1,250원 밑으로 내려가는 것은 무슨 수를 써서라도 막겠다는 의지 표현으로 볼 수 있다. 선물환 만기 시점에서 환율이 1,250원보다 낮을 경우 정부는 큰 손해를 봐야 하기 때문이다. 예를 들어 환율이 달러당 1,000원으로 떨어지면 달러당 1,250원과 1,000원의 차이인 250원을 1달러당으로 계산해 외국인 투자가에게 지급해야 한다. 400억 달러에 달하는 계약 규모를 감안하면 총액은 천문학적인 손실에 이르게 된다. 당시 정부의 선물환 매입은 그 효과를 차치하더라도 위험성이 너무나 커 도박과 같았다. 시장은 정부의 의도가 적중할지 걱정스레 상황을 주시했다.

하지만 최악의 상황이 벌어지고 말았다. 정부가 선물환을 매입하자마자 정부의 의도와는 반대로 환율이 급락하기 시작한 것이다. 경상수지 흑자와 은행의 단기 해외 차입이 장기간 누적된(제3장 "1. 2008년 달러 빚 부담이 50%나 급증한 이유", 제5장 "2. 팔면 파는 대로 다 받아주는 은행은 호구인가?" 참조) 데 따른 환율하락 압력이 워낙 높아서 그 힘을 누르는 데 정부의 개입 정도는 어림도 없었던 것이다. 결국 환율은 900원대까지 추락하고 말았다. 이 과정에서 정부가 입은 손실은 2004년 2조 1,610억 원, 2005년 7,246억 원에 달했다. 이후에도 손실은 계

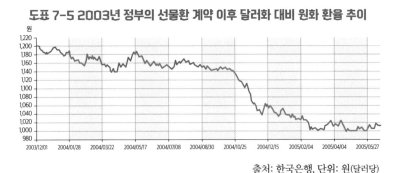

도표 7-5 2003년 정부의 선물환 계약 이후 달러화 대비 원화 환율 추이

출처: 한국은행, 단위: 원(달러당)

요즘 환율 쉬운 경제

속 발생해 정부는 400억 달러 NDF 거래로 총 6조 원 이상의 손실을 낸 것으로 추산했다. 그 손실은 당연히 국민 부담으로 돌아왔다. 제대로 된 개입 효과를 내지 못한 채 말이다.

정부 개입에 대한 재고의 필요성

엄청난 손실이 발생하자 나라 전체가 발칵 뒤집히고 말았다. 국정 감사에서 책임론이 제기되고 담당자 경질론이 나오는 등 난리가 났다. 이에 대해 당시 거래를 주도한 재정경제부는 환율안정 노력을 하다 발생한 어쩔 수 없는 일이라고 해명했다. 정부가 외평기금을 통해서만 환율을 안정시키는 것에는 한계가 있어서 개입 효과를 키우기 위해 선물환 매입까지 한 것이었으니 결과적으로 손실이 났지만 환율 안정을 위한 노력으로 보고 양해해달라는 이야기였다. 결국 공무원이 국가를 위해서 한 정책 판단은 비판하기 어렵다는 지적이 나오면서 처벌을 피하기는 했다. 하지만 국민 부담은 오래도록 남았다.

정부의 NDF 손실 해프닝은 정부가 환율하락을 얼마나 싫어하는지를 단적으로 보여준다. 환율이 하락하면 수출이 줄고 기업의 수익성이 악화돼 경제도 침체에 빠진다는 것이 정부 당국자들의 확고한 믿음이다. 심지어 2008년 글로벌 금융위기 영향으로 환율이 급등하던 게 문제 되던 시절에도 당장 위기만 넘길 수 있다면 고환율 자체는 문제 될 것이 없다는 것이 당국자들의 판단이었다. 이에 위기가 어느 정도 진정된 후 환율이 다시 안정 수준으로 돌아가는 과정에서 당국자들은 환율이 너무 높지는 않되 위기 이전보다는 높은 수준을 유지할 수 있도록 정책적 노력을 했다. 그러면서 삼성전자, 현대자동차 같은 수출 대기업들이 혜택을 입어 수출이 늘고 수익성이 개선되는 효과를 누렸다.

이런 인위적인 노력을 비판하는 전문가들도 많다. 정부가 무리하게 환율을 조작해서는 안 된다는 것이다. 환율은 시장 흐름에 맡겨야 하며 무리한 조작을 하려고 들면 2003년 NDF 손실처럼 큰 상처만 남길 수 있다고 지적한다. 실제 리먼브라더스 파산으로 금융위기가 본격화되기 전인 2008년 중반까지 정부는 지속적으로 고환율 유도 정책을 폈는데, 이 상황에서 금융위기가 터지면서 환율 급등을 더욱 부추기는 결과를 낳아 경제를 더 큰 충격으로 빠트리기도 했다.

특히 환율하락이 지속적인 경상수지 흑자의 누적 같은 구조적 문제에 의한 것일 경우 되돌리는 것은 무척 어렵다. 정부의 능력 한계로 외국에서 끊임없이 밀려드는 외화를 정부가 모조리 흡수할 수 없는 것이다. 무리하게 외환을 흡수하다 보면 풀린 원화가 물가만 크게 높여놓게 된다. 결국 정부가 환율 설정에 개입하는 것이 옳은가는 계속 논란거리로 남아 있다.

요즘 환율 쉬운 경제

필리핀·태국보다 못한
원화 안정성
-외화유동성 관리, 통화스와프

환율 관리만큼 중요한 것이 외화유동성 관리이다. 외환시장 안정을 위한 필수 조건이다. 외화유동성 위기가 불거질 때 정부가 어떤 노력을 하는지 알아보겠다.

글로벌 금융위기의 피해를 키운 외화유동성 관리 실패

한국이 2008년 글로벌 금융위기 때 큰 고초를 겪은 원인 중에는 외화유동성 관리 실패도 있다. 그 결과 엄청난 환율 변동을 경험해야 했다. 금융위기 기간 원화는 필리핀이나 태국 같은 개발도상국보다 큰 변동성을 보였다. 외화유동성 관리 부실, 외국은행의 국내지점을 통한 무리한 단기차입의 부작용, 대외 의존적 경제 시스템 등이 주요 요인으로 지목됐다. 위기 이전에 무리하게 단기차입을 했다가 이 돈이 급격히 빠져나가면서 외화유동성 위기가 불거져 환율이 급등했고, 구조적으로 수출입 등 대외거래에 크게 의존한 경제 특성이 환율 불안을 배가했다는 것이다. 주요 선진국에 비해 외환시장 규모가 작다 보니 일시적인 자금 유출로도 시장이 큰 충격을 받은 탓도 있었다.

외국은행들의 탓도 있었다. 외국은행도 위기를 겪으면서 유동성이 부족해지자 한국에 투자한 자산을 갑자기 빼가면서 갑자기 한국 시장 전체적으로 달러 품귀 현상이 벌어진 것이다. 그러자 환율이 급등했고 이 현상을 다른 외국인 투자가들이 불안하게 보면서 달러를 더 빼

도표 7-6 주요국 통화의 달러화 대비 환율 하루 평균 변동률

통화	변동률
한국 원(KRW)	1.17
일본 엔(JPY)	0.86
유럽연합 유로(EUR)	0.84
호주 달러(AUD)	1.28
인도네시아 루피아(IDR)	0.7
말레이시아 링깃(MYR)	0.4
태국 바트(THB)	0.22
필리핀 페소(PHP)	0.44
싱가포르 달러(SGD)	0.43
대만 달러(TWD)	0.29

출처: 한국은행, 단위: %

※각국의 달러화 대비 환율의 하루 변동 폭을 평균한 것임.

요즘 환율 쉬운 경제

가는 악순환이 벌어지고 만 것이다. 하지만 근본 원인은 내부에 있었다. 위기 이전에 국내은행들이 경쟁적으로 막대한 단기차입만 하지 않았어도 문제가 이렇게 심각하게 불거지지는 않았을 것이기 때문이다(제3장 "1. 2008년 달러 빚 부담이 50%나 급증한 이유", 제5장 "2. 팔면 파는 대로 다 받아주는 은행은 호구인가?" 참조).

정부의 위기 대응 노력

당시 정부는 위기 해결을 위해 다양한 노력을 했다. 우선 외화자금 시장에 개입해 국내은행들에게 달러 자금을 빌려줬다. 외국은행들은 국내은행에게 빌려준 채무의 만기가 돌아올 때마다 만기를 연장해주지 않고 상환을 요구했는데, 이를 갚을 수 있도록 정부가 국내은행들에게 달러를 빌려준 것이다. 은행들은 한번 외화 빚을 내면 반복적으로 만기 연장을 하면서 그 빚을 유지하려는 경향이 있다. 필요에 대비해 일정 수준의 외화 잔고를 유지하기 위해서이다. 그런데 갑자기 상환을 요구하면 돈을 못 갚거나 잔고가 바닥나면서 은행의 신뢰가 추락해 금융위기로 번질 가능성이 있다. 정부의 달러 대출은 이를 예방하기 위한 노력이었다. 관련해서 외국은행에게 '국내은행이 돈을 못 갚으면 정부가 대신 갚아주겠다'는 채무지급보증을 해주기도 했다.

그뿐만 아니라 환율 급등을 제어하기 위해 외환시장에도 개입해서 달러를 공급했다. 달러 품귀 현상을 완화해 환율을 안정화하려는 노력이다. 또한 해외 자산 취득과 관련한 규제를 조절하기도 했다. 국내에 달러가 너무 많아 환율하락이 문제가 될 때에는 해외 자산 취득 관련 규제를 완화할 필요가 있다. 경제주체들이 자유롭게 해외 자산을 취득하면서 달러가 해외로 유출돼 달러가 상대적으로 귀해지면서 환율하락을 방어할 수 있기 때문이다. 장기적으로는 경상수지 흑자 폭을 키우는 데 도움이 될 수 있다. 해외 취득 자산에서 수익이 발생해서 그 수익이 국내로 들어오면 경상수지에 포함돼 흑자 폭을 키우는 것이다. 일본은 오래 전부터 이러한 정책을 펴서 재미를 봐왔다. 오랜 기간 경상수지 흑자를 통해 누적된 달러로 해외 자산을 사들이면서 환율안정을 기하는 동시에, 해외 자산 운용 수익을 통해 국부를 키우는 이중의 효과를 누리는 것이다.

그런데 이와 같은 정책은 세계 경제위기 상황에서는 독이 될 수 있다. 위기 영향으로 해외 자산 가격이 급락하면 기존에 한국 사람들이 구입했던 해외 자산 가격도 함께 내려가서 그 충격을 강하게 받을 수 있는 데다, 위기 때도 달러 유출에 제한이 없으면 국내 달러 부족 현상이 심화될 수 있기 때문이다. 이에 위기 상황에서는 일시적으로 달러 유출에 대해 강한 억제책을 쓴다. 해외 자산 취득 규제를 강화하는 것이다. 내국인의 해외 자산 취득을 어렵게 해서 달러 유출을 막는 것이다.

요즘 환율 쉬운 경제

부족하면 바꿔 와라, 통화스와프

　외환위기 때면 '통화스와프(swap)'가 큰 힘이 된다. 한국은행이 외국 중앙은행과 맺는 계약인데, 여기서 스와프는 말 그대로 서로 갖고 있는 것을 교환하는 약속을 의미한다. 한국은행이 미국의 중앙은행인 FRB와 300억 달러 규모의 외환스와프 계약을 체결한다면 300억 달러에 해당하는 원화(환율이 달러당 1,000원이라면 30조 원)를 FRB에 주고 300억 달러를 받는 것이다. 이렇게 받은 300억 달러를 외환시장에 공급하면 외환위기 때 외환 부족 사태를 해결할 수 있다. 스와프 계약에는 만기가 있다. 예를 들어 만기를 3년으로 했다면 3년 후에는 한국은행이 받은 달러를 FRB에 돌려주고 한국은행이 FRB에 줬던 원화를 다시 받아와야 한다. 서로 통화를 교환할 때 환율은 바꾸는 시점의 시장 환율을 기준으로 하며, 서로의 돈을 다시 되돌려 받을 때의 환율은 계약 때 미리 정해둔다.

　사실 선진국 입장에서 한국과 통화스와프를 체결하는 것은 거의 메리트가 없다. 달러를 주고 원화를 받아봤자 쓸 데가 없기 때문이다. 이에 미국의 경우 기본적으로는 유럽연합, 영국, 스위스 등 국제통화를 사용하는 나라들과 통화스와프를 운영하고 있다. 그러다가 한국을 비롯한 신흥국과는 세계 경제위기가 심화될 때 한꺼번에 체결해준다. 위기가 확대되면 미국에도 좋을 일이 없기에 위기 확대를 막기 위해 달러가 필요한 여러 나라와 한꺼번에 스와프 계약을 맺어주는 것이다.

　이때 곧바로 서로의 통화를 맞바꾸는 것이 아니라 필요하면 언제든지 계약금액의 한도 내에서 통화를 맞바꾼다는 약속을 하는 정도로 끝내는 경우가 많다. 미국과 300억 달러의 외환스와프 계약을 체결했다면 바로 30조 원과 300억 달러를 통째로 바꾸는 것이 아니라 필요에 따라 일단 30억 달러어치만 바꾼 뒤 이후 다른 필요가 생겼을 때 50억 달러를 추가로 바꾸는 식으로 운영하는 것이다. 교환의 총액을 최대 300억 달러까지 한다는 것이 300억 달러 규모 외환스와프 계약의 내용이다.

　통화스와프는 계약을 맺었다는 사실만으로도 시장의 심리를 안정시키는 효과를 낸다. 한국의 기업과 은행으로부터 달러를 받지 못할까 봐 걱정이 돼 상환을 요구하거나 돈을 빼가는 외국인 투자가의 입장에서 통화스와프는 한국으로 언제든 대규모 달러가 들어올 수 있게 됐다는 의미이므로 강한 신뢰감을 준다. 그러면 더 이상 돈을 빼가지 않게 되고, 그에 따라 외환 부족 사태가 진정됨으로써 실제 통화스와프를 쓸 일도 사라지게 된다.

　통화스와프를 할 때는 이자를 주고받기도 한다. 한국은행이 FRB에 원화를 주면서 이자를 받고, FRB가 한국은행에 달러를 주면서 이자를 받는 것이다. 서로 주고받으니 상징적인 의미만 있을 수 있지만, 이때 격차가 생기기도 한다. 즉 한국은행이 FRB로부터 받는 이자보다 한국은행이 FRB에 주는 이자가 더 많을 경우가 있는 것이다. 이때

　　　　　　　　　　요즘 환율 쉬운 경제

이자율 차이를 '스와프베이시스'라고 하는데, 신용도가 낮을수록 스와프베이시스가 커진다. 한국이 미국에서 받는 것보다 더 많은 이자를 미국에 줘야 하는 것이다. 그래서 스와프베이시스는 한국의 자금조달 여건이 얼마나 양호한지를 나타내는 지표로 활용된다. 한국의 사정이 좋을수록 미국에 주는 이자와 미국에서 받는 이자의 격차가 줄어드므로, 스와프베이시스가 낮을수록 상황이 좋다고 보면 된다. 물론 한국이 미국으로부터 더 많은 이자를 받을 수 있지만, 아무래도 미국 등 선진국의 신용도가 더 좋기 때문에 그럴 일은 거의 없다.

한국은 미국 외에 중국, 일본과도 통화스와프를 운영하고 있다. 다만 중국, 일본과의 통화스와프는 외교 관계가 좋지 않으면 중단됐다가 관계가 회복되면 재개되는 등 정치적 영향을 크게 받고 있다.

한편 일각에서는 다자간 통화스와프를 해야 한다는 의견이 있다. G20(주요 20개국) 차원에서 중앙은행 간 통화스와프망 구축이나 전 세계 중앙은행들이 동시에 통화스와프를 맺자는 제안이 있다. 모든 나라가 서로의 통화를 교환할 수 있도록 약속해둠으로써 외화 부족 사태를 미연에 방지하자는 것이다. 다만 큰 필요가 없는 선진국들이 떨떠름한 반응을 보이면서 실현되지 않고 있다.

.

소 잃기 전에 외양간 고쳐라
-갭비율, 외화유동성비율

사실 위기는 사후 대응보다 사전 예방이 더 중요하다. 이를 위해 정부는 다양한 규제 장치를 갖고 있다. 대부분 적정한 부채 관리를 위한 규제들이다.

비율 규제와 부채 관리

대표적인 규제가 '갭비율' 규제이다. 여기에는 7일 갭과 1개월 갭으로 나뉜다. 우선 7일 갭은 만기가 7일 내로 돌아오는 외화자산에서 만기가 7일 내로 돌아오는 외화부채를 뺀 값을 총외화자산으로 나눈 값을 의미한다. 예를 들어 A은행의 총외화자산이 1억 달러고, 7일 내로 만기가 돌아오는 외화예금이 1,000만 달러, 7일 내로 갚아야 하는 외화부채가 900만 달러라면 1,000만 달러에서 900만 달러를 뺀 100만 달러를 1억 달러로 나눠준 1%가 7일 갭이다. 금융 당국은 이 수치가 0%를 넘도록 지도하고 있다. 7일 내에 찾을 수 있는 외화자산이 7일 내로 만기가 돌아오는 외화부채보다 많으면 0%를 넘게 된다. 반대로 7일 내로 갚아야 할 외화부채가 7일 내에 받을 수 있는 외화자산보다 많으면 마이너스를 기록하게 된다. 2019년 3월 기준 2.2%로 자산이 부채보다 많아 양호한 수준이다.

> **7일 갭**
> **= (만기가 7일 내로 돌아오는 외화자산 – 만기가 7일 내로 돌아오는 외화부채) / 총외화자산 > 0%**

1개월 갭은 1개월 내로 만기가 돌아오는 외화자산에서 1개월 내로 만기가 돌아오는 외화부채를 뺀 값을 총외화자산으로 나눈 값이다. 금융 당국은 이 비율을 −10% 이상이 되도록 지도하고 있다. 예를 들어 A은행의 총외화자산이 1억 달러고, 1개월 내로 만기가 돌아오는 외화예금이 1,000만 달러, 1개월 내로 갚아야 하는 외화부채가 2,000만 달러라면, 1,000만 달러에서 2,000만 달러를 뺀 −1,000만 달러를 1억 달러로 나눠준 −10%가 1개월 갭이다. 달러를 발행하지 못하는 한국의 은행들 입장에서 외화부채가 외화자산보다 많은 상황은 어쩔 수 없지만, 그 초과 금액이 총외화자산의 10%를 넘어서는 안 된다고 규제하는 것이다.

> **1개월 갭**
> = (만기가 1개월 내로 돌아오는 외화자산 − 만기가 1개월 내로 돌아오는 외화부채) / 총외화자산 > −10%

한국의 대부분 시중은행이 어쩔 수 없이 외화부채가 외화자산보다 많다. 은행 입장에서 달러를 찍어낼 수 없어 원활한 달러 수급을 위해서는 차입 외에 방법이 없기 때문이다. 이와 같은 상황은 (달러를 생산하는) 미국 등 일부 국가를 제외하면 공통적인 현상이다. 다만 부채가 너무 많아지면 건전성에 심각한 위협을 겪을 수 있기 때문에 그 금액을 제한하고 있다.

또한 '외화유동성비율' 규제도 있다. 만기가 3개월 이하로 남은 외화자산과 3개월 이하로 남은 외화부채의 비율을 뜻한다. 예를 들어 만기 3개월 이하의 외화자산이 9,000만 달러고, 만기 3개월 이하의 외화부채가 1억 달러라면 유동성비율은 90%(9,000만 달러/1억 달러)이다. 금융 당국은 외화유동성비율이 최소 85% 이상은 돼야 한다고 규제하고 있다. 1개월 갭과 비슷하게 부채가 더 많은 상황을 어쩔 수 없다고

요즘 환율 쉬운 경제

인정해준다 하더라도 부채가 자산의 85% 이상을 넘지 않도록 규제하는 것이다.

外화유동성비율
= 만기가 3개월 이하로 남은 외화자산 / 만기가 3개월 이하로 남은 외화부채

금융 당국은 은행 외에 자산운용 과정에서 외화자산과 부채를 갖는 증권 및 보험사 등 다른 금융사에도 비슷한 규제를 하고 있다. 외화자산이 총자산의 1%가 넘을 정도로 외화자산을 많이 보유한 증권, 보험사가 그 대상이다.

2019년 기준 현재는 각종 규제 지표가 안정적인 수준을 유지하고 있으며 오히려 외화자산이 외화부채보다 훨씬 많은 금융사도 많다. 지난 금융위기 때 외화부채 상환 압박으로 큰 고초를 겪었던 은행들이 부채를 줄이고 자산을 늘리는 방향으로 적극적인 노력을 해온 결과이다. 수출기업들이 환전을 의뢰하면 이를 확보해 외화자산을 키우면서 여유분으로 부채를 상환하는 식으로 관리를 해온 것이다. 하지만 다시 위기가 오면 언제든 큰 어려움을 겪을 수 있으므로 꾸준한 관리가 필요하겠다.

넓은 시야에서 근본적 대책 필요

금융 당국은 2008년 글로벌 금융위기 때 외국은행의 국내지점들이 자본금의 200% 이상 외채를 도입할 수 없도록 하는 규제를 검토했다가 철회한 바 있다. 갭비율 등이 외화자산에 비해 외화부채가 지나치게 늘지 않도록 하는 '건전성 규제'에 해당한다면 차입 규제는 '직접통제'에 해당한다. 외국은행의 국내지점을 통해 들어온 달러가 위기 기간에 일시 유출되면서 환율이 급등하는 등 부작용을 낳았기 때문에 아예 많이 들어와 있지 않도록 사전에 규제해야 한다는 시각에 따른 것이다.

하지만 지나친 규제가 외국인들의 한국에 대한 신뢰를 무너뜨릴 수 있다는 지적이 나오면서 보류됐다. 특히 차입 규제가 국내 채권시장에 악영향을 미칠 수 있다는 점이 고려됐다. 외국은행의 국내지점들은 달러를 들여와 이를 환전한 뒤 주로 국내 채권에 투자하고 있다. 그런데 차입을 규제하면 이들의 국내 채권에 대한 투자가 줄어들게 된다. 주요 채권 매수세가 사라지는 것이다. 이렇게 되면 채권 금리 급등 현상이 빚어질 수 있다. 주요 채권 매수세가 사라진 상황에서도 채권을 발행해 자금을 모집하려면 조건을 더 좋게 만들어줘야 하고, 그 과정에서 금리가 올라가는 것이다. 그러면 기업 등 채권을 찍는 주체들이 어려움을 겪을 수 있다. 그뿐만 아니라 외국은행의 국내지점을 통한 달러 유입이 줄어들면 국내에 충분한 달러 공급이 안 되면서 전반적으로 외환 부족 현상이 벌어질 가능성이 있다는 것도 고려됐다.

이렇게 직접 규제는 부작용이 심해서 적극적인 도입이 어렵다. 이보다는 거시적인 안목에서 외환시장의 안정을 추구하는 것이 좋다. 특히 협력이 중요하다. 환율이 크게 오를 때 개별 기업 입장에서는 무조건 달러를 확보해두는 것이 좋다. 환율이 많이 오른 후 달러를 팔면 큰 이익을 볼 수 있기 때문이다. 하지만 모든 기업이 서로 달러를 확보하겠다고 나서면 시장 전체적으로 달러 부족 현상이 심화되면서 환율이 더 크게 오르는 불안 현상이 심각해질 수 있다. 개별 기업 입장에서는 합리적인 행위를 모든 기업이 했더니 시장 불안이 심화되는 불합리한 상황이 일어난 것이다. 이처럼 개별 입장에서 합리적인 행위가 모여서 불합리한 상황을 만들어내는 것을 '구성의 오류'라고 한다. 이를 막기 위해서는 개별 기업들이 시장 전체적으로 도움의 되는 방향으로 합심해서 움직일 수 있도록 정부가 지도해야 한다. 환율이 크게 오를 때 기업들이 무분별한 달러 확보를 자제하도록 정부가 지도하는 식이다.

금융기관이 자금을 차입하는 방식도 개편할 필요가 있다. 금융사들은 달러가 필요하면 외국의 금융기관으로부터 자금을 빌리는 '도매식' 차입에 의존하고 있다. 이보다는 국내 금융회사가 해외에서 각종 금융상품을 판매해 해외 소비자로부터 필요한 달러 자금을 모으는 '소매식' 차입이 바람직하다. 보다 안정적으로 외환을 들여올 수 있고, 상환 압박도 덜하기 때문이다. 이게 가능하려면 국내 금융회사들의 국제화 노력이 필요하다. 외국에서 경쟁력을 갖고 소비자들에게 어필하는 것이다. 적극적으로 글로벌 경쟁력 강화 노력을 해야하겠다.

또한 자금력을 보유한 국민연금이 현금화하기 쉬운 해외 유동성 자산에 대한 투자를 늘리는 것도 고려할 만하다. 국민연금의 수익성을 높이면서 위기 시에는 그 자산을 현금화해서 달러 유동성 공급 창구로 활용하는 효과도 기대할 수 있다. 다만 연금 전체의 안정성을 해치지 않는 범위에서 투자를 늘려야 할 것이다.

한편 정책적 측면에서 관련 규제 당국을 일원화해야 한다는 지적도 있다. 현재 환율 등 국제금융 정책은 기획재정부 소관이다. 하지만 국내금융을 맡고 있는 금융위원회가 금융회사의 건전성을 제고한다는 명분으로 외환 건전성 제고 방안을 내놓는 등 혼선이 발생하는 경우가 있다. 이런 식으로 외환 정책이 분할되면 정책 실효성이 반감될 수 있으므로 국제금융과 국내금융의 정책 기능을 통합하는 것이 필요하다는 지적이 있다.

달러 보험이 있다고?

최근 달러 보험이 재테크족 사이에서 인기라고 한다. 달러 보험은 달러로 보험료를 내고, 나중에 보험금도 달러로 받는 상품을 말한다. 보통 원화 보험 상품보다 약 1%포인트 정도 높은 공시이율이 적용된다. 예를 들어 푸르덴셜의 '달러 평생보장 보험'은 요즘 찾아보기 어려운 3%대 확정 금리를 보장한다.

그러면서 일반 보험과 같은 세제 혜택이 적용된다. 계약 기간이 10년을 넘고 5년 이상 매달 납입하면 이자 소득에 대한 세금을 면제받을 수 있다.

코로나19 사태 이후 환율이 높은 수준을 유지하면서 달러 보험의 인기가 높아지고 있다. 다만 환차익을 노리고 가입하는 건 금물이다. 달러 보험 역시 보험이므로 만기가 매우 길다. 환율이 크게 올랐다고 중도 상환을 했다가는 자칫 원금 손실을 입을 수 있다. 또 만기에 지금보다 환율이 내려가 있으면 원화 환산을 기준으로 손해를 볼 가능성도 있다.

보다 장기적인 시각에서 자산 포트폴리오 분산을 위해 가입하는 것을 추천한다.

제8장

극단적인
시장개입,
고정환율제도

환율을 고정시키는 4가지 방법
-통화동맹, 달러화통용제도, 통화위원회제도, 페그제

환율은 크게는 하루 수십 원씩 움직인다. 환율이 움직인다는 것은 누구나 아는 상식이다. 시장 수급 상황에 따라 환율 변화를 그대로 인정하는 체제를 '변동환율제도'라고 한다. 시장에서 알아서 결정되도록 놔두는 것이다. 대부분의 나라가 변동환율제도를 지향한다. 그런데 환율이 고정된 나라도 있다. 중국과 홍콩이 대표적이다. 환율을 어떻게, 왜 고정시키는 걸까?

고정환율제도의 의미

고정환율제도는 특정 통화를 기준으로 환율을 고정시키는 것을 의

요즘 환율 쉬운 경제

미한다. 대개는 미국 달러에 고정시킨다. '1달러=1,000원' 식으로 고정돼서 환율이 움직이지 않는다. 반면 다른 통화의 환율은 변한다. 이때는 고정시킨 통화의 움직임을 그대로 따른다. 미국 달러에 고정시킨 경우라면 미국 달러 가치가 (달러를 제외한 다른 통화와 비교해) 올라가면 해당 통화의 (달러를 제외한 다른 통화와 비교해) 가치도 함께 올라간다. 반대로 미국 달러 가치가 떨어지면 해당 통화도 그만큼 가치가 떨어진다. 그래야 달러와 비교한 해당 통화의 가치를 고정시킬 수 있다. 예를 들어 '1유로=1달러=1,000원'인 상황에서 달러 가치가 올라 1달러를 1.5유로와 바꿀 수 있게 되면 '1달러=1유로'에서 '1달러=1.5유로'로 바뀌어 '1.5유로=1달러=1,000원'으로 변한다. 1달러로 1.5유로를 살 수 있게 됐으니 1달러에 그 가치가 고정되는 1,000원으로도 1.5유로를 살 수 있게 되는 것이다. 1,000원으로 1유로를 사던 것에서 1.5유로를 사는 것으로 바뀌었으니 그만큼 유로화와 비교한 원화 가치가 올라간 것이다. 이렇게 고정환율제도에서는 고정시킨 통화의 가치가 오르면 해당 통화의 가치도 함께 오른다. 달러에 대해서는 가치가 고정되지만, 다른 통화에 대해서는 달러의 움직임을 그대로 따라 가치가 변화하는 것이다.

고정환율제도는 낯설 수 있지만, 1990년대까지만 해도 한국을 포함한 많은 나라들이 채용하던 환율 제도였다. 한국의 경우 1997년 외환위기 전까지 고정환율제도를 유지했다. 지금도 홍콩 등 몇몇 나라가 고정환율제도를 유지하고 있다. 앞장에서 소개한 각종 시장개입과 비교하면 고정환율제도는 극단적인 시장개입 정책이라 할 수 있다. 환율의 급변을 막기 위해 시장개입을 하는 것인데, 고정환율제도는 아예 환율이 움직이지 않도록 통제하는 것이기 때문이다.

통화동맹과 달러화통용제도

고정환율제도라고 해서 환율이 '완벽하게' 고정되지는 않는다. 변동환율제도처럼 완전히 자유롭게 움직이지는 않더라도 약간씩은 움직인다. IMF는 움직임의 정도에 따라 4가지로 분류하고 있다.

우선 통화동맹 형식이 있다. 여러 나라가 새로운 화폐를 만들어서 함께 쓰는 방식이다. '유로'라는 단일 화폐를 사용하는 유럽연합 19개국이 대표적이다. 이렇게 하면 유로를 쓰는 19개국 내에서 화폐가치가 완벽하게 고정된다. 유로를 쓰기 전에는 독일의 마르크화와 프랑스의 프랑화 사이에 환율이 존재했다. 마르크화 대비 프랑화 환율이 있는 식이다. 하지만 유로를 쓰고 나서는 마르크화 대비 프랑화, 프랑화 대비 마르크화 환율이 존재하지 않게 된다. 유로라는 하나의 화폐를 공동으로 쓰게 된 결과이다. 같은 유로를 쓰는 19개국 내에서 환율이 완전히 고정되는 효과가 발생한다. 다만 달러화 같은 다른 통화와 비교해서는 환율이 움직인다. 달러화 대비 유로화 환율, 엔화 대비 유로화 환율, 원화 대비 유로화 환율은 움직이는 것이다.

다음으로 자국 화폐를 없애고 미국 달러를 화폐로 사용하는 달러화 통용제도(Dollarization)가 있다. 새로운 통화를 만드는 것이 아니라는 점에서 통화동맹과 다르지만, 통화로 미국 달러를 쓰니 달러와 비교해 자국 통화가치가 움직일 일이 없다. 실질적으로 미국과 통화동맹을 맺은 효과가 나는 것이다.

통화위원회제도

세 번째로 화폐 발행량과 달러 보유액을 일치시키는 '통화위원회제도(Currency Board Arrangement)'가 있다. 여기서부터 고정환율임에도 환율에 변화가 생긴다. 예를 들어 1달러=1,000원으로 환율을 고정한 상황에서 외환보유고가 3,000억 달러라면 여기에 1달러=1,000원의 환율을 적용해서 화폐 발행량을 300조 원(3,000억 달러×1,000원)으로 고정시키는 것이다. 이때 중앙은행은 원화를 들고 온 사람에게 1달러=1,000원의 환율을 적용해서 그대로 달러로 바꿔줘야 하는 의무를

> 3,000억 달러 ÷ 3,000억 = 1달러
> =
> 300조 원 ÷ 3,000억 = 1,000원

갖게 된다.

통화위원회 제도하에서는 외환보유고에 따라 화폐 발행량이 결정된다. 1달러=1,000원의 환율을 유지하기 위해 3,000억 달러에 맞게 300조 원을 발행한 상황에서 외환보유고가 3,000억 달러에서 3,300억 달러로 10% 늘면, 화폐 발행량도 300조 원에서 330조 원으로 10% 늘어나는 것이다. 이렇게 화폐 발행량을 달러에 연동시켜야 달러와 비교한 원화의 양이 그대로 유지되면서 환율에 변화가 없게 된다.

만일 외환보유고가 그대로인데 화폐 발행량이 300조 원보다 커지게 되면 1달러=1,000원의 환율에 따라 100% 교환해줄 수 없게 된다. 예를 들어 외환보유고가 3,000억 달러 그대로인데, 화폐 발행량이 300조 원에서 330조 원으로 늘면 1달러=1,000원의 환율로는 3,000억 달러로 300조 원(3,000억 달러×1,000원)만 교환해줄 수 있고 30조 원이 남게 된다. 원화를 들고 온 모든 사람에게 원화를 달러로 바꿔줘야 하는 중앙은행의 의무를 지키지 못하는 것이다. 그러면 통화위원회제도는 붕괴될 수 있다.

통화위원회 제도가 유지되려면 화폐 발행량과 달러 보유액이 일치하도록 환율이 바뀌어야 한다. 외환보유고가 3,000억 달러 그대로인데, 화폐 발행량이 330조 원으로 늘면, 3,000억 달러=300조 원에서 3,000억 달러=330조 원으로 바뀌게 되고, 환율도 1달러=1,000원에서 1달러=1,100원으로 바뀌어야 한다. 달러의 양은 그대로인데 원화의 양만 늘었으니 그만큼 원화 가치를 내려주면서 상대적으로 달러화 가치를 올려주는, 즉 달러화 환율을 높이는 것이다. 그래야 330조 원 전액을 1달러=1,100원의 환율에 따라 3,000억 달러(330조 원÷1,100원)로 바꿔줄 수 있게 된다.

3,000억 달러 ÷ 3,000억 = 1달러
=
330조 원 ÷ 3,000억 = 1,100원

결국 이 제도하에서는 외환보유고에 연동한 것 이상으로 화폐 발행량이 늘면 달러화에 비교한 원화의 양이 늘어나면서 원화의 가치가 떨어지고 달러의 가치는 올라 환율이 오르게 된다. 반대로 화폐 발행량이 외환보유고에 연동한 것보다 줄어들면 달러화에 비교한 원화의 양이 줄어들면서 원화의 가치는 오르고 달러 가치는 떨어져 환율이 떨어지게 된다. 즉 통화위원회 제도는 철저하게 달러 보유량과 비교한 화폐 발행량에 따라 기계적으로 환율이 바뀌게 되고, 정부는 화폐 발행량을 통해 환율을 통제할 수 있다. 환율을 올리고 싶다면 화폐 발행량을 늘리고, 내리고 싶다면 화폐 발행량을 줄이는 식이다.

페그제

네 번째로 '페그제(peg system)'가 있다. 페그제는 정부가 강력한 시장개입을 실시해 환율을 고정시키는 제도이다. 이때 고정시키는 대상은 달러가 대부분이지만 통화바스켓(무역 비중에 따라 여러 나라 통화와 비교한 환율을 가중평균한 것)에 고정시키기도 한다. 예를 들어 환율을 1달러=1,000원으로 고시한 상황에서 달러 공급이 갑자기 크게 늘어 환율이 1,000원 밑으로 떨어질 것 같으면 시장에서 달러를 사들인다. 그러면 달러 공급 증가가 해소되면서 환율하락을 막을 수 있다. 반대로 달러 공급이 줄어들어 환율이 1,000원 위로 크게 오를 것 같으면 시장에 달러를 공급한다. 그러면 달러 품귀 현상이 해소되면서 환율상승을 막을 수 있다. 고시한 환율을 지키기 위해 중앙은행이 적극적으로 시장에 개입하는 것이다.

외화 유출입을 통제할 수 있으면 좋다. 외화 유출입을 자유롭게 허용한 상황에서 해외로부터 달러가 밀려들면 달러의 가치가 떨어지면서 환율이 떨어지려는 압력이 생긴다. 이런 상황에서 환율을 고정시키려면 밀려드는 달러를 정부와 중앙은행이 모조리 흡수해야 한다. 그래야 자국 화폐와 달러의 수량이 일정한 수준을 유지하면서 환율이 고정될 수 있다. 반대로 대규모 외화 유출이 빚어지면 달러가 품귀 현상을 빚으면서 환율이 급등하려는 압력이 생긴다. 이런 상황에서 환율을 고정시키려면 정부와 중앙은행이 대량으로 달러를 공급해서 달

요즘 환율 쉬운 경제

러 품귀 현상을 없애야 한다. 그래야 자국 화폐와 달러의 수량이 일정한 수준을 유지하면서 환율을 고정시킬 수 있다.

정부가 외화의 유출입을 완전히 제한할 수 있으면 이런 수고를 원천적으로 피할 수 있다. 달러가 오가는 것을 정부가 철저히 통제하면 달러 수량이 항상 일정 수준을 유지하면서 환율도 고정시킬 수 있다. 하지만 그 어떤 나라도 외화 유출입을 완전히 통제하지 못한다. 세계에서 가장 폐쇄적인 북한조차 주민들이 자발적으로 달러를 들여와 거래에 쓰는 것을 막지 못한다. 결국 현실에서 고정환율제도를 유지하는 것은 정부와 중앙은행이 시장에서 적극적으로 달러를 흡수하거나 공급하는 방법 외에 대안이 없다. 그래야 달러를 일정한 수준에서 유지할 수 있다.

그런데 달러를 무제한 사들이거나 내놓기는 어렵다. 외환보유고에 제한이 있기 때문이다. 이에 일정한 값에서 고정시키기는 어렵고 어느 정도 범위에서 환율이 움직이게 된다. 1달러=1,050~1,150원 식이다. 페그제는 환율이 움직이는 범위에 따라 세부적으로 3가지로 나뉜다. 환율이 고시 수준의 ±α% 내에서 움직이도록 하는 '수평밴드페그제도(pegged exchange rate within horizontal band)', 단기적으로는 고정시키지만 장기적으로 일정 범위 내에서 큰 움직임을 허용하는 '크롤링페그제도(crawling peg)', 주기적으로 기준환율을 조정하는 '크롤링밴드제도(exchange rate within crawling band)'가 있다.

이 가운데 크롤링밴드제도는 대세를 인정하되 급격한 하락이나 상승을 막기 위한 목적으로 도입한다. 예를 들어 현재 기준환율이 달러당 1,000원인데, 환율이 지속적으로 상승할 수밖에 없는 상황이라면 1,000원을 고집하지는 않되 1,100원 정도로 올려 이 수준은 고수하는 식이다. 환율상승을 용인하되 1,100원까지만 허용하겠다는 정부의 의사 표현이다.

물론 변동환율제도하에서도 정부나 중앙은행이 시장개입을 한다. 다만 이때는 급격한 상승이나 하락을 막거나 전반적인 상승이나 하락세를 유도하기 위한 수준에 그친다. 환율을 특정 수준으로 고정시키기 위한 인위적인 개입은 하지 않는 것이다. 환율을 특정 수준으로 고정시키기 위한 강력한 시장개입은 고정환율제도하에서만 이뤄진다.

달콤한 환율안정의 대가,
무너진 방파제
-고정환율제도의 부작용, 딜레마 이론

고정환율제도를 유지하는 대표적인 나라가 중국이다. 중국은 명목상 변동환율제도이지만, 실질적으로는 고정환율제도이다. '1달러=7위안' 수준 내외에서 큰 변화가 없다. 중국은 막대한 경상수지 흑자가 지속적으로 누적되면서 달러가 계속 유입되고 있다. 그러면 당연히 달러화 대비 위안화 환율이 떨어져야 한다. 달러가 흔해지니 달러화 가치가 떨어지고, 상대적으로 위안화 가치는 올라가는 것이다. 하지만 중국은 실질적인 고정환율제도를 통해 이 압력을 인위적으로 막고 있다.

경상수지 흑자 유지에 유리

중국의 환율 유지 방법은 페그제에 가깝다. 중국 내 흘러 다니는 달러의 대부분을 흡수하는 방식으로 달러가 흔해지는 걸 막아 환율을 떠받치는 것이다. 그러면 중국 내 달러 공급이 일정 수준을 유지하면서 환율이 하락하지 않고 고정시킬 수 있다. 물론 중국 위안화의 가치가 완전히 고정돼 있는 것은 아니다. 일부 수급 요인이 반영돼 움직인다. 다만 강력한 시장개입을 통해 그 범위를 통제하고 있다. 이를 위해 중국 중앙은행이 빨아들인 달러는 3조 달러가 넘는다. 한국 GDP의 2배가 넘는 막대한 금액이다. 또한 중국은 경상수지 흑자를 통해 벌어들인 달러를 해외 자산 구매 형태로 유출시키고 있다. 미국 국채, 부동산 매입이 대표적인 예이다. 이렇게 해외 자산 보유 형태로 달러를 유출시키면, 중국 내 달러 유통량을 일정 수준으로 유지할 수 있다.

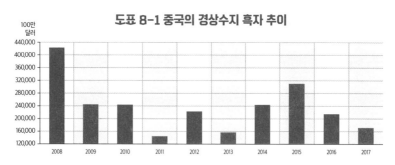

도표 8-1 중국의 경상수지 흑자 추이

출처: 한국은행, 단위: 100만 달러

요즘 환율 쉬운 경제

중국이 실질적인 고정환율제도를 버리지 못하는 것은 경상수지 흑자를 지속적으로 유지하기 위해서이다. 중국은 질보다 가격으로 승부하는 나라이다. 환율이 하락하면 달러로 평가한 중국 제품 가격이 올라 수출경쟁력이 떨어지는데, 환율 조작으로 이를 막고 있는 것이다.

고정환율제도는 경상수지 개선 외에 환율안정 그 자체도 이점이 될 수 있다. 대금이 한참 뒤 들어오는 수출기업은 위안화 환산 금액이 얼마가 될지 걱정할 필요가 없고, 수입기업은 앞으로 수입 부담이 어떻게 변할지 고민할 필요가 없다. 그뿐만 아니라 중국의 기러기 아빠들도 위안화 환산 송금액을 일정 수준으로 유지할 수 있다. 모든 거래를 안전하게 할 수 있는 것이다. 이런 이점들을 노려 중국은 강력하게 환율을 통제하고 있다.

경제지표가 반영되지 않는다

그런데 고정환율제도가 만능은 아니다. 우선 물가상승률, 이자율, 성장률 등의 경제지표가 환율에 반영되지 않는다는 문제가 있는 것이다. 중국 물가가 상승하면 이는 곧 화폐가치가 하락하는 것이니 달러와 비교한 위안화 가치의 하락, 즉 환율상승이 일어나야 한다. 또한 이자율이 올라가면 달러가 유입되면서 달러가 흔해져 달러 가치의 하락, 즉 환율하락이 발생해야 한다. 이렇게 경제 변수의 움직임에 따라 환율이 변화하면 경제가 원래 균형을 찾는 데 도움이 된다. 경기가 과열되면서 이자율이 오르면, 그 영향으로 환율이 내려가면서 경상수지가 악화돼 경기 과열이 진정되는 식이다.

반면 고정환율제도하에서는 물가상승률, 이자율 등이 변화해도 환율이 움직이지 않는다. 그러면 한번 깨진 균형을 다시 회복시키는 것이 무척 어려워진다. 예를 들어 물가가 계속 오르는데 환율이 오르지 않으면 수출경쟁력이 극도로 악화된다. 1달러=1,000원인 상황에서 1,000원짜리 물건을 1달러에 수출하는 기업이 있다고 해보자. 이때 갑자기 물가가 크게 올라 1,000원짜리 물건의 가격이 1,500원으로 올랐다. 그러면 환율도 1달러=1,500원으로 올라야 한다. 그래야 1달러를 1,500원으로 환전해서 물가상승으로 다 같이 오른 부품 가격과 인건비 등을 충당할 수 있다. 하지만 고정환율제도하에서는 환율이 1달러=1,000원으로 고정된다. 그럼에도 1,500원을 벌기 위해선 수출가격을 1.5달러로 올려야 한다. 그래야 1,500원(1,000원×1.5달러)으로 환전해서 오른 부품 가격과 인건비 등을 충당할 수 있다. 그렇다면 수출 가격을 갑자기 1달러에서 1.5달러로 올리면 수출이 잘될까? 어렵다. 그렇기 때문에 계속 1달러에 수출해서 1,000원만 받으면 이 기업은 수출로 손해를 보게 된다. 오른 부품 가격과 인건비 등을 충당할 수 없기 때문이다. 결국 물가가 올라도 환율이 올라가지 않으면 수출경쟁력이 극도로 악화되는 균형 파괴가 발생한다. 이는 경상수지 적

요즘 환율 쉬운 경제

자로 이어진다.

그뿐만 아니라 고정환율제도는 한번 균형이 깨져버리면 좀처럼 돌아가지 못하고 깨진 균형이 계속 이어지는 경향이 있다. 변동환율제도는 환율의 변화를 통해 균형을 찾으려는 힘이 있다. 경상수지 적자를 보면 달러가 귀해져서 환율이 오르고, 이에 따라 수출이 늘면서 적자가 해소되는 식이다. 반대로 경상수지 흑자가 발생하면 달러가 흔해져서 환율이 내려가고, 이에 따라 수출이 줄면서 흑자가 해소된다. 경상수지가 균형을 이루려는 힘이 있는 것이다.

반면 고정환율제도는 환율이 움직이지 않기 때문에 한번 균형이 깨지면 그 상태가 계속 이어진다. 경상수지 적자를 보면 환율이 오르면서 수출이 늘어야 하는데, 환율이 오르질 못하니 수출이 늘지도 못하는 것이다. 그래서 한번 적자가 발생하면 계속 이어지게 된다. 한번 흑자가 생기면 그 흑자가 지속되는 이점이 있지만, 반대로 적자가 생기면 이 역시 계속 이어지는 문제가 있는 것이다.

● **변동환율제도**

: 물가상승 → 화폐가치 하락 → 환율상승 → 달러 표시 수출 가격 유지 → 수출 유지

● **고정환율제도**

: 물가상승 → 화폐가치 하락 → 환율 고정 → 달러 표시 수출 가격 상승 → 수출 감소

이런 상황에서 균형으로 돌아가기 위해서는 일시적으로 환율을 조정하는 일이 필요하다. 환율을 올려 자국의 통화가치를 낮추는 것을 '평가절하'라고 하는데, 경상수지 적자가 매우 심각해졌으니 1달러=1,000원에서 1달러=1,200원 식으로 환율을 올리는 식이다. 중앙은행이 시장에서 대규모로 달러를 사들여서 환율을 올린다. 평가절하를 하면 수출경쟁력이 개선되면서 경상수지를 개선시킬 수 있다. 반대로 환율을 내려 자국의 통화가치를 높이는 것을 평가절상이라고 한다. 1달러=1,000원에서 1달러=800원으로 환율을 내리는 식이다. 시장에 대규모로 달러를 공급해 환율을 낮춘다. 그러면 수출경쟁력이 악화되면서 경상수지도 악화된다. 이렇게 일시에 환율을 조절하는 평가절하나 절상은 경제에 큰 충격이 될 수 있다. 또 평가절하나 절상이 잦으면 해당 통화에 대한 신뢰성이 떨어질 수 있다.

해외의 경제적 충격이 그대로 전달

고정환율제도는 해외의 경제적 충격이 그대로 국내로 파급되는 문제가 있다. 한국이 고정환율제도를 유지하고 있는데, 갑자기 미국의 이자율이 크게 올랐다고 해보자. 미국에 대한 투자 수요가 증가하면서, 한국에서 자금이 빠져나간다. 그러면 한국에 돈이 부족해져서 돈의 가격인 이자율이 올라가게 된다. 돈이 부족한 상황에서도 돈을 빌리려면 예전보다 많은 이자를 줘야 하는 것이다. 이를 한 마디로 정리하면 '미국 이자율이 올랐더니 한국 이자율도 올랐다'가 된다. 외국 경제의 변화가 한국 경제에 그대로 파급된 것이다. 당황스러운 일이다. 한국은 금리를 올릴 생각이 없는데, 미국의 금리가 올랐다는 이유로 한국의 금리도 올랐기 때문이다.

변동환율제도에서는 이와 같은 일을 최소화할 수 있다. 미국의 이

- ● **변동환율제도**
  : 미국 금리인상 → 국내 달러 유출 → 환율상승 → 수출 증가 → 국내 달러 유입 → 국내 금리 변화 없음
- ● **고정환율제도**
  : 미국 금리인상 → 국내 달러 유출 → 환율 고정 → 국내 유동성 감소 → 국내 이자율 상승

자율이 크게 올랐다고 해보자. 이에 따라 미국으로 돈이 빠져나가면 원화 대비 달러화 환율이 올라간다. 국내 들어와 있던 달러가 금리인 상을 좇아 미국으로 돌아가면 국내에 달러가 귀해지면서 환율이 오르는 것이다. 그러면 수출이 증가한다. 그만큼 다시 국내로 돈이 돌아올 것이다. 만일 빠져나간 만큼의 돈이 수출을 통해 돌아온다면 국내 돈의 총량에는 변화가 없게 된다. 금리가 움직일 여지가 없는 것이다. 미국의 이자율이 올라도 한국의 이자율이 올라가지 않는 것이다.

이처럼 변동환율제도를 채택하면 외국 경제 변수가 변화해도 환율이란 매개체가 충격을 흡수하면서 한국의 다른 경제 변수가 별 영향을 받지 않게 된다. 이런 상황을 '환율의 차단 효과'라고 부른다. 환율 변화가 차단막을 형성해 외국의 이자율이나 물가 변화가 한국에 큰 영향을 주지 못하는 것이다. 즉 쓰나미를 막는 방파제 같은 역할을 하는 것이다.

이런 점들 때문에 대부분 나라가 변동환율제도를 유지하고 있다. 다만 중국처럼 지속적인 경상수지 흑자를 보고자 하는 나라는 고정환율제도가 유리할 수 있다. 대규모로 경상수지 흑자가 발생하면 달러가 흔해지면서 환율이 내려가 수출이 줄어야 한다. 중국은 강제로 환율을 높게 고정하면서 지속적으로 많은 수출을 하고 있다. 중국 입장에서는 좋은 쪽으로 깨져 있는 균형이 계속 이어지는 것이다. 그래서 중국은 실질적인 고정환율제도를 포기하지 않고 있다.

요즘 환율 쉬운 경제

연도	환율
2017년	6.508
2018년 9월 말	6.8828
2018년 11월 말	6.9455
2018년 12월 말	6.8785
2019년 1월 말	6.8318

출처: 중국 인민은행, 단위: 위안(달러당)

완전한 변동환율은 없다, 관리변동환율제도

그런데 한 가지 의문이 든다. 중국처럼 고정환율제도를 하는 것도 아닌데, 변동환율제도를 채택하는 대부분의 나라에서 지속적인 경상수지 흑자나 적자가 나는 이유가 뭘까? 예를 들어 한국과 미국은 모두 변동환율제도를 채택하고 있다. 그런데 한국은 지속적인 흑자, 미국은 지속적인 적자를 내고 있다. 제도대로라면 환율 변화를 통해 경상수지가 균형을 이뤄야 하는데 지속적인 흑자 또는 적자가 나는 것이다.

이는 각 나라가 운영하는 변동환율제도가 완전한 변동환율제도는 아니기 때문이다. 환율 변화를 통해 경상수지가 균형을 이루려면, 환율이 아무렇게나 움직이도록 놔둬야 한다. 그래야 완전한 변동환율제도라고 할 수 있다. 그러면 환율이 큰 폭으로 움직이면서 경상수지가 균형을 유지하게 된다. 하지만 현실적으로 환율 움직임을 방치하는 나라는 없다. 환율이 수시로 오르내릴 때 경제가 겪는 부작용을 무시할 수 없기 때문이다. 그래서 자주 시장에 개입해서 환율의 지나친 상승 또는 하락을 방어한다. 이러한 운영 방식을 '관리변동환율제도'라고 한다. 고정환율제도와 완전변동환율제도의 중간이라고 할 수 있다. 제7장에서 살펴본 정부와 한국은행의 시장개입 수단이 모두 관리변동환율을 위한 노력이었다.

세계 대부분의 나라가 이러한 관리변동환율제도를 유지한다고 할 수 있다. 사실 중국도 관리변동환율제도를 표방한다. 다만 그 정도에 차이가 있는 것이다. 수시로 개입해서 환율을 거의 고정시키는 중국 같은 나라가 있는가 하면, 급격한 변화가 있을 때만 개입하는 미국 같은 나라도 있다. 한국은 그 중간쯤 된다. 경상수지 흑자 누적에 따라 환율하락세가 과도할 때 시장에 개입해서 하락을 방어하는 식이다. 그러면 환율이 지나치게 낮아지는 것을 막아서 경상수지 흑자를 계속 볼 수 있다.

경상수지 흑자를 계속 보는 나라가 있다는 것은 반대로 계속 적자를 내는 나라도 있다는 것을 뜻한다. 미국이 대표적이다. 미국은 지속적인 적자를 내고 있다. 그럼에도 불구하고 경제를 유지하는 비결은 달러를 찍을 수 있는 권능에서 온다. 사고 싶은 것이 있으면 달러를 찍어 사면 된다. 하지만 다른 나라가 미국처럼 하는 것은 불가능하다. 달러를 찍어낼 수 없기 때문이다. 결국 오랜 적자를 이기지 못하고 파

요즘 환율 쉬운 경제

산하는 나라들이 나온다. 과거 아르헨티나, 러시아 등이 대표적이다. 그래서 꾸준한 경상수지 관리가 중요하다.

한편 현실에서 완벽한 변동환율제도를 유지하는 나라가 없다는 것은 곧 '환율의 차단 효과가 완벽하게 통하지 않는다'는 것을 뜻한다. 다른 나라 경제 변수가 변화하면 이에 맞춰 자국의 같은 변수도 일부 움직이는 것이다. 미국의 금리가 올라가면 한국의 금리도 미국만큼은 아니겠지만 어느 정도는 올라가는 것이다. 이와 관련해 경제학은 고정환율, 자본의 자유로운 이동, 경제 변수의 독자성 등 3가지 조건이 동시에 충족될 수 없다는 '딜레마 이론'을 제시했다. 3가지 목표는 동시에 달성할 수 없고 반드시 어느 하나는 포기해야 한다는 것이다. 이를테면 고정환율을 유지하면서 자본의 자유로운 이동을 보장하고 경제 변수의 독자성도 지키는 것은 불가능하다. 또한 경제 변수의 독자성을 지키려면 고정환율을 포기해야 한다.

세계 금융시장의 대충격, 플라자호텔 비밀 합의
-환투기 공격

고정환율제도하에서 환율이 갑자기 크게 움직이는 경우가 있다. 큰 폭의 평가절상이나 절하가 불가피하게 이뤄지는 것이다. 어떤 경우일까?

누적된 변화의 대분출

정부와 중앙은행이 환율 유지를 위해 인위적인 노력을 하는 과정에서 문제가 발생할 때가 대표적이다. 예를 들어 급격한 물가상승을 환율상승에 반영하지 않기 위해서는 정부가 시장에 달러를 계속 투하해야 한다. 그래야 물가상승에 따른 자국 화폐의 가치 하락만큼 달러도 수량 증가에 따라 가치가 내려가면서 환율을 유지할 수 있다. 하지만 이와 같은 일을 계속하기 어렵다. 정부의 달러 보유량에 한계가 있기 때문이다. 그럼에도 계속 시장개입을 하다 임계치에 이르면 외환보유고가 바닥나는 등의 이유로 파탄에 이를 수 있다. 그러면 환율상승 압력이 한꺼번에 분출되고 정부 통제 범위를 벗어날 가능성이 있다. 환율이 급등하는 것이다.

여러 사례가 있다. 제2차 세계대전 후 세계는 '브레튼우즈(Bretton Woods system, BWS)'라는 이름으로 국제적 고정환율제도를 유지했다. 당시 미국 중앙은행은 미국 달러에 대해 100% 정해진 양의 금과 교환을 보증했다. 이에 미국 달러는 금에 대해 가치가 완전히 고정됐다. 그리고 각국은 자국의 화폐가치를 달러에 완전히 고정시켰다. 금과 달러를 통해 전 세계가 고정환율제도를 한 것이다.

브레튼우즈 체제 이전에는 '금본위제'라고 해서, 모든 나라가 금에 대해 각자 화폐가치를 고정시켰다. 미국은 금 0.1g=1달러, 한국은 금 0.1g=1,000원, 일본은 금 0.1g=100엔 식이다. 이 체제는 1929년 세계대공황 때 큰 위기를 겪었고, 이후 미국만 금 0.1g=1달러 식으로 금에 대해 달러 가치를 고정시키고 나머지 나라는 달러에 각자 화폐가치를 고정시키는 브레튼우즈 체제로 개편하게 되었다. 1,000원=1달러, 100엔=1달러 식이다.

브레튼우즈 체제가 유지되기 위해서는 달러를 가진 사람은 언제든 미국 중앙은행으로부터 보유한 달러를 100% 금으로 교환받을 수 있어야 한다. 그러면 달러에 대한 확실한 믿음이 생긴다. 이를 위해선 미국 중앙은행이 보유한 금과 달러의 괴리가 없어야 한다. 예를 들어 1달러와 금 0.01g의 가치를 고정시켜놓은 상황에서 미국 중앙은행이 금을 1g 보유하고 있다면 달러 발행량은 100달러(1g=100×0.01g)를 넘어선 안 된다. 101달러가 되면 1달러=금 0.01g의 공식으로는 달러를 금으로 교환해주지 못한다. 이때 달러를 금으로 바꿔주려면 1달러당 교환되는 금의 양을 0.01g 밑으로 떨어뜨려야 한다. 그만큼 달러 가치가 떨어지는 것이다. 이러한 달러 가치 하락은 고정환율제도의 근간을 뒤흔들 수 있다.

하지만 실제 그런 일이 벌어졌다. 1970년대 미국 중앙은행이 보유한 금의 양은 별로 늘지 않았는데, 미국 달러 발행량이 급속도로 늘어난 것이다. 미국이 독일 등과 무역 관계에서 만성적인 무역적자를 냈기 때문이다. 미국이 수입을 늘리는 과정에서 막대한 양의 달러를 발행해 독일 등에 지급한 것이다.

'완전한' 변동환율제도였다면 전개 양상이 달랐을 것이다. 독일이 미국에 수출을 많이 하면서 독일 내 달러 유입량이 늘면, 달러가 상대적으로 흔해지면서 달러화와 비교한 마르크화의 가치가 올랐을 것이다. 그러면 미국에 수출되는 독일 제품의 가격이 올라 독일의 미국에 대한 수출이 줄어들게 되고 그 결과 독일로 유입되는 달러 양이 줄었을 것이다. 반대로 미국의 독일에 대한 수출은 늘면서 미국 내로 다시 돌아오는 달러가 늘게 되고 세계 전체적으로 풀리는 달러 양이 줄어

요즘 환율 쉬운 경제

균형을 찾았을 것이다. 물론 현실도 완전한 변동환율제도는 아니다. 그래서 쉽게 균형을 찾기 어렵다. 다만 어느 정도는 자유롭게 환율이 변화하면서 조정이 이뤄진다. 하지만 고정환율제도는 불균형 문제가 극단적으로 심각하고 조정이 전혀 안 되다 보니 문제가 크게 누적되고 마는 것이다.

그 결과 세계 각국은 과도한 양의 달러를 보유하게 됐고, 각국은 의심하기 시작했다. 자신들이 보유한 달러를 미국 중앙은행에 가져가 봤자 금으로 받을 수 없을 것이라는 의심이 생겨난 것이다. 독일이 먼저 행동에 나섰다. 보유한 달러를 금으로 바꿔달라고 요청한 것이다. 당연히 미국은 바꿔줄 수 없었고, 결국 미국 중앙은행은 금 태환 포기 선언을 하기에 이르렀다.

이후 시간이 흘러 달러 가치가 한 번에 크게 떨어지는 일이 발생했다. 국제적인 합의를 통해 달러 가치를 일시적으로 크게 내린 것이다. 1985년 미국, 프랑스, 독일, 일본, 영국의 재무장관이 뉴욕 플라자호텔에 모여 달러 가치를 절반 수준으로 떨어뜨리기로 합의한 것이다. 이에 따라 달러화 대비 마르크화 환율은 합의 전 1달러=3.4마르크에서, 1달러=1.6마르크까지 폭락했다. 합의 전에는 1달러로 3.4마르크를 살 수 있었는데, 합의 후 1.6마르크밖에 사지 못하게 된 것이다. 이런 식의 급격한 달러 가치 하락의 충격은 컸다. 달러를 많이 보유한 국가들의 경우 자산 가치가 급격히 하락하는 충격을 봐야 했다.

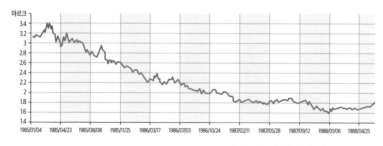

도표 8-3 1985년 전후 달러화 대비 마르크화 환율 추이

출처: 한국은행, 단위: 마르크(달러당)

고정환율제도를 하지 않았다면 미국의 화폐 발행 증가에 따라 달러 가치는 서서히 떨어졌을 것이고 이에 따라 충격도 분산됐을 것이다. 하지만 고정환율제도를 억지로 유지하다가 결국 한계에 이르면서 큰 충격을 겪어야 했던 것이다. 이처럼 고정환율제도는 경제 상황 변화에 따른 환율 변화 압력이 누적된 후 한꺼번에 분출되면서 큰 충격을 몰고 오는 단점이 있다.

투기적 공격에 취약

고정환율제도는 투기적 공격에도 취약할 수 있다. 환율상승 압력이 있는 상황에서 정부가 달러를 풀어 겨우 통화가치를 유지하고 있는데, 어느 날 환율 방어가 더 이상 어려울 거라는 의심이 생겼다고 해보자. 투기 세력은 해당국에서 달러를 지속적으로 빼가는 공격을 할 수 있다. 투자했던 자산을 팔아서 달러로 환전해 나가는 식이다. 그럼에도 정부가 통화가치를 유지하려면 빠져나가는 만큼의 달러를 시장에 풀어야 한다. 하지만 외환보유고에는 한계가 있다. 결국 달러 부족 사태가 벌어지고 방어를 포기하기에 이를 수 있다. 이렇게 되면 환율상승 압력이 한꺼번에 분출되면서 환율이 급등할 수 있다. 일시에 평가절상을 하지 않으면 안 되는 상황에 내몰리는 것이다. 1달러=1,000원에서, 1달러=2,000원 식으로 크게 오르는 것이다. 이때 투기 세력은 다시 달러를 갖고 들어온다. 그러면 1달러로 2,000원을 받을 수 있다. 이렇게 달러가 유입되면 환율이 다시 내려간다. 그러다 다시 환율이 1,000원이 되면, 2,000원으로 2달러(2,000원÷1,000원)를 받을 수 있다. 최초 투자했던 1달러가 2달러로 변신하는 것이다. 고정환율제도하에서는 언제든 이런 외환위기가 벌어질 수 있다. 고정환율제도를 유지하던 한국이 1997년 외환위기를 겪은 데는 이러한 과정도 있었다. 이런 일을 막으려면 충분한 외환보유고와 함께 정부와 중앙은행의 정책이 믿을 만하다는 평판이 있어야 하는데, 이는 쉬운 일이 아니다.

고정환율제도는 물가상승을 유발하는 문제도 있다. 환율하락을 막을 때 벌어지는 일이다. 이를테면 중국 정부는 환율하락을 막기 위해 지속적으로 달러를 흡수하는 과정에서, 반대급부로 막대한 위안화를 풀고 있다. 기업이나 은행이 보유한 달러를 뺏을 수는 없고, 돈을 주고 사는 과정에서 막대한 유동성을 푸는 것이다. 이는 물가상승을 유발한다. 중앙은행이 통화안정증권을 발행해서 유동성을 흡수하는 작업을 할 수는 있다(제7장 "1. 외환시장 안정을 위한 최후의 보루" 참조). 하지만 이자 부담 등에 한계가 있어서 완벽하게 흡수하기에는 한계가 있다. 결국 유동성 증가에 따른 물가상승의 고통이 심각해져 중국 내에서는 환율 조작을 포기하고 완전환 변동환율제로 이행해야 한다는 견해가 나오고 있다. 앞으로 중국의 환율정책을 주시할 필요가 있다.

요약하면 고정환율제도는 환율을 고정시키는 과정에서 각종 부작용이 불가피하다. 이와 같은 문제에 따라 한국을 비롯한 대부분의 나라들이 변동환율제도를 채택하고 있다. 다만 완전히 방치하지는 않고 급격한 변동을 제어하는 관리변동환율제도를 유지하고 있다.

화끈하게 투자하려면 달러 ETF

달러에 화끈하게 투자하고 싶은 사람은 달러 ETF(상장지수펀드)에 관심을 가져보면 좋다. 달러 환율이 오르면 가격이 오르고, 환율이 내리면 가격이 내려가는 상품이다. 환율 변동폭보다 ETF 가격 변동폭이 커서, 달러 가치 상승이나 하락에 크게 베팅할 수 있다. 환율 움직임에 따라 일반 주식처럼 쉽게 사고팔 수 있는 것도 장점이다.

우선 앞으로 환율상승에 강한 확신이 있다면 달러 레버리지 ETF를 활용하면 된다. 이 상품의 가격은 달러화 가치 변동폭의 2배씩 오르내린다. 단, 달러 가치가 떨어지면 수익률이 환율 하락폭의 2배 폭으로 하락하는 점에 주의해야 한다. 주요 달러 레버리지 ETF는 미래에셋자산운용의 'TIGER 미국달러선물 레버리지', 삼성자산운용의 'KODEX 미국달러선물 레버리지', 키움투자자산운용의 'KOSEF 미국달러선물 레버리지' 등이 있다.

세계 경제가 나아지면서 환율하락을 전망한다면 달러 '인버스 ETF'에 투자하면 된다. 인버스 ETF란 지수가 하락할수록 돈을 버는 '청개구리형' 상품이다.

제9장

환율 전쟁

일본의 조용한 경제 침탈, 엔화 약세 유지
-원엔환율, 한일 경제 전쟁

한국에게 달러화 대비 환율 못지않게 중요한 것이 일본 엔화와 중국 위안화 환율이다. 그 변화가 한국 경제에 큰 영향을 미친다.

원화 대비 지속적인 저평가 상태인 엔화

원화와 엔화의 역학 관계는 기본적으로 재정환율 공식에 따라 결정된다(제1장 "3. 2019년 베네수엘라인들이 달러만 찾은 이유" 참조). 원=달러, 달러=엔의 환율에서 가운데 달러를 지워내고 원=엔의 환율이 결정되는 것이다. 이 결정 공식에 따라 엔화가 달러에 대해 약세를 보이면, 엔화는 원화에 대해서도 약세를 보이게 된다.

요즘 환율 쉬운 경제

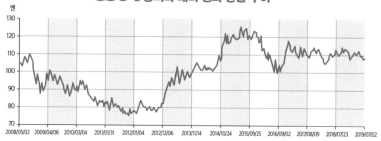

출처: 일본 중앙은행, 단위: 엔(달러당)

　우선 엔화는 2012년부터 달러화에 대한 약세가 이어지고 있다. 도표 9-1을 보면 2012년에는 1달러당 80엔 정도를 기록했다. 즉 80엔 정도를 주면 1달러를 살 수 있었다. 하지만 2019년에는 1달러당 110엔이 넘다. 2012년보다 30엔을 더 줘야 1달러를 살 수 있는 것이다. 그만큼 엔화 가치가 내려간 것이다. 반면 원화는 도표 9-2를 보면 1달러당 1,100원 내외에서 횡보세를 기록하는 것을 알 수 있다. 글로벌 금융위기가 지나간 2010년부터 지속적인 횡보세이다. 달러화 대

도표 9-2 달러화 대비 원화 환율 추이

출처: 한국은행, 단위: 원(달러당)

비 원화 가치에 큰 변동이 없는 것이다.

달러와 비교해서 엔화 가치는 내려가는데 원화 가치는 변화가 없다. 결론은 하나이다. 원화와 비교한 엔화 가치도 내려가는 것이다. 즉 엔화 대비 원화 환율(이하 원엔환율)이 내려간다.

원화와 비교한 엔화 가치 하락은 다양한 문제를 유발한다. 가장 대표적인 것이 무역수지 적자의 누적이다. 한국은 일본과의 무역에서 지속적으로 적자를 보고 있다. 부품 수입이 워낙 많다는 점을 감안하더라도 맥주, 의류 등 소비재 수출입조차 수입이 월등히 많다. 이때 일본과의 무역에서 원화와 엔화가 쓰이면서 자체적으로 원엔환율이 결정된다고 가정해보자. 그러면 무역수지 적자가 엔화 대비 원화 환율의 상승으로 이어져야 한다. 수출보다 수입이 훨씬 많아서 일본으로 빠져나가는 엔화가 많으니, 한국 내에 상대적으로 엔화가 귀해지면서 가치가 오르는 것이다. 이렇게 원엔환율이 올라가면 경제는 균형을 찾을 수 있다. 환율상승으로 한국 기업의 가격 경쟁력이 개선되면서 대일 수출이 늘고, 반대로 환율상승으로 인해 일본으로부터 수입은 줄면서 무역수지가 개선되는 것이다.

하지만 원엔환율이 자체적으로 결정되지 못하고, 달러를 매개체로 결정되다 보니 아무리 대일 무역수지 적자를 보더라도 원엔환율이 올라가지 않는 것이다(제1장 "3. 2019년 베네수엘라인들이 달러만 찾은 이유" 참조). 이에 따라 무역수지 적자가 계속되고 있다. 한국은 역사적으로 단 한 번도 대일 무역수지 흑자를 기록한 바가 없다.

요즘 환율 쉬운 경제

이와 같은 문제를 해소하기 위해서는 원화와 엔화를 직접 거래할 수 있는 시장이 조성돼야 한다. 즉 한국과 일본 기업이 무역을 할 때 원화와 엔화를 주고받으면서 가격이 형성돼야 한다. 이처럼 원과 엔이 직접 거래되면 자체적인 가치를 형성할 수 있다. 대일 적자 문제가 심각해지면 빠져나가는 엔화의 양이 늘면서 국내에서 엔화가 귀해져서 엔화의 가치가 오른다. 그러면 원엔환율이 오르고 이에 따라 무역수지 개선을 기대해볼 수 있다. 또한 원엔환율을 조절하기 위해 정부가 시장을 제어할 수 있는 여지도 생긴다. 원엔환율을 올리고 싶다면 원엔 시장에서 원화를 팔고 엔화를 사들이는 개입을 실시하는 것이다. 그러면 엔화가 더욱 귀해지면서 엔화 환율이 올라가게 된다.

하지만 직거래 시장은 형성되지 않고 있다. 한국과 일본 기업이 거래를 할 때 원화나 엔화가 아닌 달러화를 주로 사용하기 때문이다. 한국 기업이 일본 기업에게 수출할 때 달러를 받고 수입할 때 달러를 주는 식이다. 이에 원화와 엔화를 교환하는 수요는 거의 없는 형편이다. 수출입에 원화와 엔화를 쓴다면 한국의 수입기업들은 엔화를 확보해야 하고 일본의 수입기업들은 원화를 확보해야 한다. 그러면 원엔 거래가 활발해질 수 있다. 그러나 달러를 사용하면서 원엔 거래가 거의 이뤄지지 않고 있다.

일부 자체 수급에 따라 원엔환율이 영향을 받는 일이 있기는 하다. 은행 차입 등을 통해 국내에 엔화 유입이 늘면 원엔환율이 떨어지는 식이다. 하지만 그 영향은 매우 미미하다. 이보다는 2010년 이후 줄

곧 달러화 대비 엔화 약세가 강하게 반영되면서 원엔환율도 지속적으로 낮은 수준을 유지하는 형편이다. 결국 무역수지 적자에 따라 이뤄져야 할 원엔환율 상승이 벌어지지 않으면서 일본과의 무역에서 적자가 지속되고 있다.

도표 9-3 연도별 대일 경상수지 추이

연도	경상수지
2009년	-234.5
2010년	-326.6
2011년	-237.1
2012년	-195.3
2013년	-233.6
2014년	-164.3
2015년	-193.2
2016년	-218.5
2017년	-287.4
2018년	-242.9

출처: 한국은행, 단위: 억 달러

글로벌 제품 경쟁력에 미치는 영향

엔화 약세는 비단 대일 수출입에만 영향을 주는 것이 아니다. 글로벌시장에서 일본 제품과 비교한 한국 제품의 가격 경쟁력을 떨어뜨린다. 일본 기업들은 엔화 약세를 무기 삼아 수출품의 달러 표시 가격을 떨어뜨릴 여지가 생긴다. 달러엔환율이 80엔에서 110엔으로 오르면 자국에서 1,000엔짜리 물건의 달러 표시 가격을 12.5달러(1,000엔÷ 80엔)에서 9.1달러(1,000엔÷110엔)로 떨어뜨릴 수 있다. 반면 한국 기업들은 원달러환율에 별 변화가 없으니 달러 표시 가격을 떨어뜨리기 어렵다. 한국과 일본은 전 세계 IT, 자동차, 기계 등 시장에서 치열한 경쟁을 벌이고 있다. 이와 같은 상황에서 일본 제품의 달러 표시 가격 하락은 한국 수출에 큰 타격이 될 수밖에 없다. 원화와 비교한 엔화의 가치가 1% 내려가면 한국 수출이 0.821% 감소한다는 실증 결과도 있다.

또한 원엔환율이 지속적으로 약세를 보이면서 일본인들의 한국 여행 부담은 급증한 반면 한국인의 일본 여행 부담은 크게 줄면서 대일 여행수지까지 적자를 기록하는 형편이다.

이밖에 원엔환율이 내려가면 도입 부담이 줄어든 투기성 엔화가 국내에 지속적으로 유입되는 문제가 발생할 수 있다. 원엔환율이 100엔당 1,000원에서 500원으로(1엔당 10원에서 5원으로) 떨어질 것으로 예상되는 상황이라고 해보자. 당장 100만 엔을 대출받아 환전하면 1,000만 원(100만 엔×10원)을 얻을 수 있다. 이후 실제 엔화 환율이 100엔당 500원으로 떨어지면 500만 원만 마련하면 100만 엔(500만 원÷5원)을 얻어서 빌렸던 돈을 갚을 수 있다. 1,000만 원을 빌렸는데 500만 원 갚으면 되는 것이다. 누구나 이런 예상을 하면 너도 나도 엔화 대출을 내려고 하면서 국내 엔화 공급이 늘게 된다. 이렇게 엔화 공급이 늘면 국내 유동성 증대에 기여하게 되고 부동산 가격 상승 등의 부작용이 벌어지게 된다. 그러다 경제위기가 발생해서 엔화가 급격히 유출되는 사태가 발생하면 위기 진폭만 더욱 키울 수 있다. 수출을 많이 해서 들어오는 엔화는 반갑지만, 환차익을 노리고 들어오는 엔화는 위험성이 큰 것이다.

엔화 유입 문제가 심각해질 때 정부는 여러 조치를 취한다. 국내은행들에게 엔화 대출 자제를 권고하는 것이 대표적이다. 그러면 국내 엔화 공급이 주춤해지면서 엔화 환율이 더 떨어지는 것은 막을 수 있다. 하지만 이 정도로는 대세를 거스르기 어려워 엔화 가치 하락은 두고두고 한국 경제를 괴롭히고 있다. 일부 개별 기업의 사정에 따라 엔화 약세가 더 유리한 경우도 있다. 생산을 위한 설비나 부품을 주로 일본에서 수입하는 기업이 대표적이다. 엔화가 약세를 보이면 일본에서 수입하는 단가가 떨어져 채산성 개선에 도움이 될 수 있다. 하지만 엔화 약세는 전체적으로 보면 불리한 측면이 더 많다.

엔화 약세는 일본의 아베 정부가 적극적으로 유도하는 측면이 있다. 일본 경기를 살린다는 핑계로 대규모로 엔화를 찍어(양적완화) 엔화가 더욱 흔해지도록 하면서 엔화 가치를 떨어뜨리는 것이다. 이와 같은 일본 정부의 정책에 대해 한국이 어찌할 도리는 없다. 다만 한국도 적극적으로 경기 진작 정책을 펼치면서 기업들의 제품 경쟁력을 더욱 높이는 노력이 필요하다. 어떻게 보면 한국과 일본은 2019년 처음 '경제 전쟁'을 한 것이 아니다. 오래 전부터 치열하게 경쟁을 해왔다. 근본적인 승리는 한국 경제의 질적 발전에서 나온다. 국가경쟁력 향상을 위한 모두의 노력이 필요하겠다.

한편 위안화도 엔화와 비슷한 문제가 있다. 중국이 지속적인 경상 수지 흑자를 보이고 있기 때문에 위안화 가치도 올라야 한다. 하지만 중국 정부는 인위적인 시장개입을 통해 강제로 위안화 약세를 유지하고 있다. 그 결과 한국은 중국과의 무역에서 상대적인 손실을 보고, 해외시장에서 중국 기업과의 경쟁에서 뒤처질 위험이 있다. 다만 중국에서 원자재나 소비재를 수입하는 기업들은 수입 부담이 완화되는 이점이 있다. 어떤 측면이 더 큰지 평소 그 영향을 면밀하게 분석해둘 필요가 있겠다.

흔들리는 달러의 권능과
비트코인의 등장
-달러와 가상화폐, 기축통화

세계는 통화 전쟁 중이다. 기축통화의 패권을 놓고 사활을 건 힘겨루기가 펼쳐지고 있다. 미국 달러의 권능이 언제까지나 지속될 수는 없다. 미국 달러 이전에 영국 파운드가 있었다. 미국 달러가 부상하며 영국 파운드가 저물었듯, 다른 통화가 부상하면서 미국 달러가 저물 수 있다.

달러 기축통화의 권능

기축통화는 세계 무역과 금융에서 널리 쓰이는 통화를 의미한다. 기축통화를 가진 나라는 여러모로 유리한 점이 많다. 수출하지 않고

요즘 환율 쉬운 경제

도 돈을 찍어 물건을 수입할 수 있고 빌린 돈은 새로 찍어 갚을 수 있다. 외국과 어떤 거래를 하든 돈이 필요하면 찍어내면 그만이다. 그래서 외국에 진 빚을 못 갚아 국가가 부도를 낼 가능성이 없다. 외환위기 같은 고생을 할 일이 없는 것이다. 또한 기축통화를 갖게 되면 세계 경제에 대한 영향력도 커진다. 사실상 세계 경제를 지배할 수 있다.

대표적인 기축통화는 달러이다. 유로화, 엔화, 파운드화, 스위스프랑화 등도 기축통화로 분류되지만 달러화에 비하면 영향력이 미미하

도표 9-4 연도별 미국의 경상수지 적자 추이

연도	경상수지
2005년	-7,452.5
2006년	-8,059.6
2007년	-7,110.3
2008년	-6,813.9
2009년	-3,725.2
2010년	-4,312.7
2011년	-4,456.7
2012년	-4,268.3
2013년	-3,488.0
2014년	-3,651.9
2015년	-4,077.7
2016년	-4,328.7
2017년	-4,491.4
2018년	-4,884.8

출처: 미국 FRB, 단위: 억 달러

다. 미국은 기축통화국의 단맛을 오랫동안 누려왔다. 언제든 돈을 찍을 수 있으니 만성적인 경상수지 적자 속에서도 흔들림 없이 경제를 유지하고 있다.

사실 미국의 경상수지 적자는 세계 경제 유지를 위해 어느 정도 필요한 일이다. 미국의 적자를 통해 전 세계로 달러가 공급돼야 각국이 원활한 거래를 할 수 있기 때문이다. 한국이 과테말라와 무역 거래를 하려면 서로의 통화를 믿을 수 없으니 달러가 있어야 한다. 달러를 충분히 갖고 있지 않으면 제대로 무역을 할 수 없다. 이런 상황이 심화되면 세계 각국은 달러를 대체할 다른 수단을 찾게 될 테고, 결국 달러의 지위는 약화되고 말 것이다. 이에 미국 입장에서도 경상수지 적자를 통한 달러 공급은 필요한 일이다. 이렇게 미국은 소비(수입)만 하고 다른 나라는 생산(수출)만 하는 상황을 '글로벌 임밸런스(global imbalance)'라고 한다.

하지만 달러가 너무 많이 풀리면 가치가 떨어지는 문제가 발생한다. 달러가 너무 흔해져서 가치가 떨어지는 것이다. 적절한 경상수지 적자를 통해 달러를 공급하는 것이 중요하지만 너무 많이 풀리면 가치 하락의 문제가 발생한다. 이를 '트리핀 딜레마(Triffin dilemma)'라고 한다.

딜레마를 해결하기 위해서는 과다하게 풀린 달러가 경상수지 흑자국들의 자산 투자 방식으로 미국에 재유입돼야 한다. 미국 정부가 발행한 채권을 구입해서 그에 해당하는 돈을 다시 미국으로 보내는 것

요즘 환율 쉬운 경제

이다. 그러지 않으면 달러는 물량 부담을 버텨내지 못한다.

아직까진 그 시스템이 공고하다. 전 세계 모든 국가들은 미국 채권, 그중에서도 미국 정부의 국채를 가장 안전한 자산으로 보고 있다. 이에 지속적인 확보 경쟁을 벌이고 있다. 미국 정부가 아무리 많은 채권을 발행해도 입찰 경쟁이 벌어지면서 모두 소화되고 있다. 그래서 미국 정부는 매우 낮은 금리로 채권을 발행할 수 있다. 매우 싸게 빚을 내는 것이다. 미국 정부는 이렇게 돌아온 돈으로 대규모 재정적자를 감당하고 있고, 이는 미국 경제를 더욱 풍요롭게 만들고 있다. 경상수지 적자를 통해 외국으로 보낸 달러가 채권 구입을 통해 미국으로 돌아오고, 이 돈이 정부 지출(재정적자)을 통해 결국엔 다시 미국을 위해 쓰이는 것이다. 만성적인 경상적자와 재정적자 상태이지만 이보다 좋을 수 없는 것이다.

이처럼 경상수지 적자와 재정수지 적자가 동시에 발생하는 상황을 '쌍둥이 적자'라고 한다. 일반적인 경제라면 이런 상황을 버틸 수 없다. 곧 국가 부도가 난다. 하지만 미국은 전 세계에서 통용되는 달러를 찍을 수 있다는 점 하나로 오랫동안 쌍둥이 적자를 유지하고 있다. 오늘도 세계 모든 나라는 달러 확보 경쟁을 벌이고 있고, 달러의 지위에는 큰 흔들림이 없다. 결국 미국 경제의 가장 큰 힘은 달러에서 나오고, 미국은 이를 십분 활용하고 있다.

흔들리는 달러 왕조

하지만 달러 왕조가 영원하란 법은 없다. 2008년 발생한 미국발 글로벌 금융위기가 그 균열의 가능성을 보여줬다. 당시 리먼브라더스를 비롯한 여러 미국 금융회사들이 파산했다. 이에 따라 만기가 돼도 상환 받지 못하는 미국 채권이 줄을 이었다. 미국 채권도 부도날 수 있다는 사실이 드러난 것이다.

그러자 일시적으로 미국 채권에 대한 투자가 줄고 달러 가치가 크게 떨어진 바 있다. 미국의 경제 펀더멘털(fundamental)이 무너지면서 미국의 화폐가치가 크게 의심받은 것이다. 심지어 미국이 기축통화국으로서 지위를 상실할 것이란 전망까지 나왔다. 달러가 장기적으로 파운드와 같은 길을 걸을 것이라는 경고였다. 과거 파운드가 그 위상을 잃었을 때 전 세계적으로 혼란이 있었지만 달러가 곧 그 자리를 대체하면서 세계 경제는 다시 안정된 바 있다. 달러 역시 그 위상을 잃게 될 경우 세계 경제에 잠깐의 혼란은 있겠지만 결국 다시 안정을 찾을 것이라는 이야기다.

하지만 아직까지 달러를 대체할 통화는 없다. 그리고 너무 많은 나라가 이미 너무 많은 달러를 갖고 있다. 달러 발행량의 절반을 미국이 아닌 다른 나라들이 갖고 있다. 달러가 힘을 잃게 되면 그 충격은 세계 모든 나라가 겪게 된다. 달러 가치가 급락하면 각국이 가진 달러 자산의 가치가 함께 급락하면서 충격을 받는 것이다. 그래서 세계 각

요즘 환율 쉬운 경제

국은 달러의 권능이 계속 유지돼야 한다는 데 암묵적으로 동의하고 있고, 2008년 위기 때도 각국은 곧 다시 달러 확보에 나섰다.

다만 각국은 달러 이후에 대한 대비도 하고 있다. 아직까진 달러 왕조가 공고하지만 언제 다시 위기가 올지 모르니 '포스트 달러 왕조'에 대비하는 것이다. 외환보유고에서 유로화나 엔화 같은 다른 기축통화의 비중을 늘리고, 미국 국채 대신 금이나 부동산 같은 대체 자산에 대한 투자를 늘리는 게 대표적인 노력이다. 이에 따라 각국의 외환보유액에서 달러의 비중이 서서히 줄고 있다. 세계 외환보유액에서 달러화 비중은 2007년 69%에서 2018년 61.7%로 줄었다. 당장 달러 왕조의 지위는 인정하지만 그 이후를 대비해나가는 것이다.

비트코인 같은 가상통화가 주목받는 것도 그 연장선상으로 해석할 수 있다. 달러 헤게모니에 맞춰 기술적으로 새 화폐를 출현시키려는 노력이다. 가상화폐는 장기적으로 달러를 위협할 대체재가 될 가능성이 있다. 그러면 미국은 기축통화 발행에 따른 경제적 이득을 잃게 된다. 세계 경제에 대한 지배력도 약해진다. 이에 따라 미국은 가상화폐를 적극 견제하고 있다. 페이스북의 가상화폐 발행을 막고, 대

세계 외환보유액 중 달러화 비중

2007년 69%
↓
2018년 61.7%

통령이 직접 나서서 "가상화폐는 화폐로 볼 수 없다"는 이야기도 한 바 있다.

미국은 '글로벌 임밸런스' 축소 노력도 하고 있다. 장기적인 달러 왕조 유지를 위해 경상수지 적자 축소에 나서는 것이다. 달러 공급량을 줄여 달러 가치를 유지하겠다는 전략이다. 그동안 경상수지 적자가 과다했다는 것이 미국의 판단이다. 그 달러가 미국 국채 투자를 통해 다시 유입되긴 했지만, 이 시스템에 언제든 문제가 생길 수 있으니 적자를 줄여 시스템 붕괴를 막겠다는 것이다.

이를 위해 미국은 제조업 부흥을 유도하고 있으며 각국을 상대로 미국에 대한 투자를 압박하고 있다. 미국 내 생산이 늘면 제품 수입을 줄일 수 있고, 일자리를 늘릴 수 있다. 또한 달러가 힘을 잃지 않는 정도로만 달러 약세를 유도해 미국 기업들의 수출 증가도 견인하고 있다. 그러면서 미국에 수출을 많이 하는 나라에 대해선 각종 견제를 하고 있다. 2019년부터 치열하게 전개된 미중 무역 전쟁의 배경에는 바로 이런 의도가 숨어 있다.

이런 노력에 따라 2019년 미국의 경상수지 적자가 많이 줄었다. 장기적으로 좀 더 줄어야 한다는 것이 미국의 판단이다. 미국은 경상수지 적자가 충분히 줄어들 때까지 제조업 부흥 등의 노력을 계속할 것으로 보인다. 이런 미국 정부의 노력과 각국의 대응, 그리고 새로운 개념의 화폐 출현이 어떤 역학 관계를 만들어갈지 지켜볼 필요가 있겠다.

미중 환율 전쟁의 끝은?
-환율조작국 지정

미국은 달러 지위 유지에 힘쓰는 한편, 중국을 상대로 강력한 위안화 절상 압력을 넣고 있다. 중국이 실질적인 고정환율제도를 통해 의도적으로 위안화 가치를 낮춤으로써, 막대한 경상수지 흑자를 누리고 있다는 것이 미국의 주장이다. 절상 압력은 미국 트럼프 대통령 취임 후 보다 강해졌다.

갈수록 거세지는 미국의 공세

중국의 외환보유고는 3조 달러가 넘는다. 막대한 경상수지 흑자 덕분이다. 진정한 달러 공장은 미국이 아닌 중국이라는 이야기까지 나

도표 9-5 세계 주요국 외환보유액

국가	외환보유액
한국	4,075
일본	1조 3,173
중국	3조 956
영국	1,732
독일	1,962
대만	4,741

출처: IMF(국제통화기금, 2019년 말 기준), 단위: 억 달러

오는 상황이다. 중국이 일반적인 경제 체제였다면 대규모 흑자를 보는 과정에서 화폐가치가 지속적으로 올랐을 것이다. 위안화 가치가 오르면 중국을 상대로 한 미국의 수출이 늘고 수입은 줄면서, 미국의 경상수지 적자 폭을 줄일 수 있다. 하지만 중국은 실질적인 고정환율제도를 통해 의도적으로 위안화 가치를 낮게 유지하고 있다. 결국 미국의 대중 적자가 늘어가면서 미국의 불만은 극에 달했다.

미국은 적극적으로 위안화 절상을 요구하고 있다. 나아가 중국이 실질적인 고정환율제도를 버리고 진정한 변동환율제도를 도입해야 한다고 주장하고 있다. 이렇게 되면 위안화는 시장 원리에 따라 가치가 오를 수 있다. 미국의 압력 방식은 다양하다. 미국 의회는 중국이 위안화 절상을 하지 않으면 미국 정부가 보복할 수 있도록 하는 내용의 보복 법안을 통과시킨 바 있다. 그뿐만 아니라 IMF, 세계은행 등 국제기구를 동원해 공개적으로 절상 압력을 넣기도 한다. 이에 맞춰

요즘 환율 쉬운 경제

IMF는 환율감독규정 개정 조치를 내놓은 바 있다. 중국을 겨냥해 외부에 불안정을 일으킬 수 있는 환율정책을 피해야 한다는 규정을 담았다.

게다가 미국은 '환율조작국' 지정 카드를 갖고 있다. 미국은 매년 4월과 10월 교역국을 상대로 환율조작국 심사를 하고 있다. 미국의 관련법은 환율조작국에 대해 각종 보복 조치를 가할 수 있도록 돼 있다. 보복 조치를 당하지 않으려면 환율을 조작하지 말라는 메시지를 담고 있는 것이다. 환율조작국 지정 요건은 ①200억 달러를 초과하는 대미 무역 흑자 ②전체 경상수지 흑자가 국내총생산의 3%를 초과 ③현저한 수준의 환율 시장에 대한 개입 등 3가지이다. 3가지 조건에 모두 해당하면 환율조작국으로 지정한다. 3가지 중 2가지에 해당하면 '환율관찰대상국'으로 분류한다.

중국은 ①, ②는 물론 ③번 조건도 사실상 해당한다. 다만 ③번 조건은 보는 시각에 따라 다르게 평가할 수 있다. 중국은 명목상으로는 '관리변동환율제도'를 도입하고 있고, '현저한' 수준의 시장개입을 하지 않는다고 주장하고 있다. 미국도 이런 시각을 반영해서 중국을 '환율관찰대상국'으로만 분류해왔다(한국도 ①, ②에 해당해 환율관찰대상국으로 분류돼있다. 한국, 중국 외에 일본, 싱가포르, 베트남 등 미국에 수출을 많이 하는 나라들이 관찰대상국으로 지정돼 있다. 자칫 한국이 환율조작국에 포함되지 않도록 정부의 꾸준한 외교 노력이 필요하다).

그러던 2019년 8월 미국은 중국을 환율조작국으로 전격 지정했다.

이른바 '포치(破七)' 때문이었다. 중국은 환율 관리를 하면서도 달러화 대비 위안화 환율이 '1달러=7위안'을 넘지 않도록 조율해왔다. 1달러=7위안을 넘는다는 건, 1달러로 7위안이 넘는 중국 돈을 가질 수 있다는 뜻이다. 그만큼 위안화 가치가 낮아진 상황을 의미한다. 중국은 국제적으로 위안화 가치가 너무 낮다는 비난을 피하기 위해 '1달러=7위안' 선만은 지켜냈다. 그런데 중국은 2019년 8월 1달러당 위안화 환율을 7위안 위로 전격 인상시켰다. 8월 19일 기준 1달러당 7.0365위안을 기록했다. 즉 7의 벽의 깨진 것이다.

그러자 미국은 즉각 중국을 환율조작국으로 지정했다. 중국이 위안화 절상은커녕 포치를 하자, 10월 심사까지 기다리지 않고 즉시 조치를 취한 것이다. 이후 각종 무역 규제 조치가 가해졌다. 이에 중국은 국제적으로 경제정책이 불투명한 국가라는 오명이 더욱 심화되는 결과가 발생했다.

이런 지정의 이면에는 미중 무역 분쟁이 있었다. 미국과 중국은 트럼프 대통령 취임 이후 첨예한 무역 분쟁을 벌여왔다. 각종 상호 보복 조치를 주고받았다. 그러다 중국은 2019년 8월 '포치'를 하기에 이르렀다. 포치를 통해 달러화 대비 위안화 환율이 계속 오르면, 중국의 미국에 대한 경상수지 흑자가 더욱 늘어날 여지가 생기게 된다. 미국은 이를 두고 볼 수 없어 환율조작국 지정으로 응수한 것이다.

미국은 대부분 나라가 미국을 지지할 것으로 믿었다. 위안화 평가절하는 중국과 경쟁을 벌이는 세계 각국의 기업들이 싫어하는 일이기 때문이다. 위안화 가치가 떨어지면 중국 제품의 달러 표시 가격이 내려간다. 예를 들어 1달러당 6위안에서 7위안으로 위안화 가치가 떨어지면 42위안짜리 제품의 달러 표시 가격이 7달러(42위안÷6위안)에서 6달러(42위안÷7위안)로 내려가는 식이다. 그러면 중국 기업과 경쟁을 벌이는 기업의 수출경쟁력이 악화될 수 있다. 이를 막으려면 중국의 위안화 절하 시도를 봉쇄해야 한다.

다만 모두가 미국을 지지하는 것은 아니었다. 위안화 가치가 내려가면 중국에서 원자재 등을 많이 수입하는 국가들은 유리해질 수 있기 때문이다. 달러로 환산한 수입 부담이 줄어드는 것이다. 또 미국의 의도대로 위안화가 절하되지 않고 반대로 절상돼 중국으로부터 수입이 줄어드는 일이 벌어진다고 해도 미국을 비롯한 각국의 경제에 이득이 되지 못할 것이라는 시각도 있었다. 예를 들어 위안화 절상으로 중국산 섬유 수입이 줄어든다고 해서 미국이 섬유를 직접 생산하지는 못한다. 어차피 미국은 섬유를 생산해 수지 타산을 맞출 수 없을 정도로 경제가 성숙했기 때문이다. 인건비 등을 생각하면 외국에서 수입하는 것이 훨씬 이득이다. 이에 위안화 절상으로 중국산 섬유 수입이 줄면 미국의 섬유 산업이 활성화되는 것이 아니라 중국이 아닌 다른 나라로부터 섬유 수입이 늘 가능성이 크다. 변화가 없는 것이다. 그러면서 수입 부담만 늘 수 있다. 이보다는 차라리 값싼 중국으로부터 최대한 많은 섬유를 수입하는 것이 낫다. 세계의 공장 역할을 하는 중국이 계속 싼값의 물건을 공급해주는 게 낫다는 것이다.

다만 중국이 워낙 대규모로 흑자를 내고 있고 휴대폰 등 첨단 산업에까지 중국산의 점유율이 계속 높아지면서 위기감을 갖게 된 국가들을 중심으로 위안화 절상 목소리가 강한 상황이다.

중국의 저항

중국 내에도 위안화 절상을 주장하는 목소리가 있다. 중국 경제는 만성 인플레이션 상황이다. 인플레이션을 완화하려면 위안화 가치를 유지하기 위한 달러 흡수 정책을 중단해야 한다(환율 유지 과정에서 물가가 크게 오르는 부작용에 대해서는 제8장 참조). 위안화 가치 유지에 집착하지 않으면 필요 이상으로 달러를 흡수하지 않아도 된다. 그러면 반대급부로 위안화가 풀리지 않아 물가상승이 완화될 수 있다. 나아가 진정한 변동환율제도를 도입해야 한다는 주장도 있다. 환율이 시장에서 결정되도록 놔두면 중국은 환율을 안정시키기 위해 막대한 양의 달러를 흡수할 필요가 없어진다. 물가상승의 큰 원인 중 하나가 근본적으로 사라지는 것이다.

그러나 이런 입장은 중국 내 소수에 불과하고 미국의 압박에 저항해야 한다는 주장이 더 많다. 중국 정부는 반복적으로 "환율 개혁과 위안화 절상은 주권과 관련된 문제이며 국내외 경제가 감내할 수 있는 범위 내에서 점진적으로 이뤄져야 한다"라고 주장하고 있다. 또한

요즘 환율 쉬운 경제

중국 중앙은행인 인민은행은 "환율 조정은 대외 불균형을 조정하는 유일한 정책 도구가 아니며 큰 폭의 조정은 불안정을 더욱 심화시킨다"라는 공식 입장을 내놓은 바 있다.

위안화 가치가 평가절상되면 수출이 감소할 것이 뻔하니 버틸 수 있을 때까지는 버텨보자는 것이 중국 정부의 속내인 것이다. 결국 중국은 환율조작국 탈피를 위해 '포치'는 되돌리더라도(달러당 위안화를 6위안 후반대로 복귀), 자국 경제에 이상이 없는 한 추세적인 위안화 절상을 가능한 한 계속 뒤로 미룰 것으로 보인다.

새로운 화폐 도입의 주장

중국은 때로 미국에 역공을 가하기도 한다. 새로운 기축통화를 도입해야 한다는 주장이 대표적이다. 중국은 달러 가치가 약세를 보일 때마다 불만이 많다. 외환보유고만 3조 달러에 달할 정도로 막대한 달러 자산을 갖고 있는데, 달러 가치가 내려가는 만큼 달러 자산의 가치가 떨어지기 때문이다. 그래서 달러를 대체하면서 가치 하락을 걱정하지 않아도 되는 새 기축통화를 주장하고 있다.

IMF 특별인출권이 대표적이다. IMF는 회원국이 기금을 출자하면 낸 금액을 언제든지 찾아갈 수 있도록 증서를 내주는데, 이것이 특별인출권이다. 특별인출권은 국제 사회에서 액면 금액만큼 돈으로 통용된다. 특별인출권을 달러 대신 기축통화로 사용하면 IMF가 전체 기축통화 물량을 통제하는 힘을 가질 수 있다. 그러면 가치 하락을 막을 수 있어 기축통화의 위기를 방지할 수 있는 것이다.

중국은 나아가 위안화를 기축통화 위치에 올려놓기 위해 안간힘을 쓰고 있다. 아직은 미미하지만 세계 외환보유고에서 중국 위안화의 비중은 2012년 1.1%에서 2018년 1.9%로 늘었다. 기축통화국 지위까지는 아니지만 위상이 계속 높아지고 있는 것이다.

도표 9-6 세계 외환보유액에서 통화별 비율

통화	비율
미국 달러(USD)	61.7
유럽연합 유로(EUR)	20.7
일본 엔(JPY)	5.2
영국 파운드(GBP)	4.4
중국 위안(CNY)	1.9
호주 달러(AUD)	1.6
캐나다 달러(CAD)	1.8
기타	2.7

출처: 유럽 중앙은행, 단위: %

다만 60%가 넘는 달러와 비교하면 갈 길이 멀다. 또 중국은 언제든 경제위기가 벌어질 수 있다는 의심을 받고 있다. 수십 년간 고성장을 하면서 거품이 많이 껴있기 때문이다. 금융환경이 불투명하다는 지적도 있다. 그래서 위안화를 신뢰하지 못하는 투자가가 많다. 이에 중

요즘 환율 쉬운 경제

국은 어쩔 수 없이 중간에 특별인출권을 징검다리로 놓고 위안화의 국제화에 노력하고 있다.

또한 전 세계가 함께 제3의 공동 통화를 만들어야 한다는 목소리도 내놓고 있다. 달러 가치 변화에 의한 세계 경제 교란을 제거하기 위해 공동 통화가 나와야 한다는 주장이다. 공동 통화가 출범하면 2008년 금융위기 같은 미국발 경제위기가 또 일어나도 달러를 통해 전 세계적으로 미국의 위기가 파급되는 일을 막을 수 있다. 물론 미국은 이 논의를 적극적으로 방어하고 있다. 달러를 통한 세계 경제 지배에 차질이 생기기 때문이다.

아시아의 통화 통합 논의

사실 공동 통화 도입은 중국만의 주장은 아니다. 전 세계가 안 된다면 아시아에서라도(유럽의 유로화처럼) 공동 통화를 출범시키자고 주장한다. 아시아 국가들 대부분은 달러 의존도가 무척 높다. 세계 달러 보유액 순위에서 중국을 비롯한 아시아 국가들이 대거 상위권에 자리 잡고 있는 것만 봐도 잘 알 수 있다. 굳이 아시아 국가끼리 교역에까지 달러를 쓸 필요가 없음에도 역내 교역까지 달러를 사용하면서 사실상 달러에 지배받고 있다. 달러에 대한 높은 의존도는 경제위기로 이어지기도 한다. 달러가 대규모로 빠져나갈 때 외환위기를 겪는 것이다. 달러에 대한 의존도를 낮출수록 외환위기의 가능성을 줄일 수 있다. 또한 미국이 자국의 경상수지 적자를 줄일 목적으로 통화가치 절상을 요구하는 나라는 중국뿐만이 아니다. 한국 등 모든 아시아 국가들이 공통으로 처한 문제이다.

이때 한국, 중국, 일본을 비롯한 아시아 나라들이 공동 통화를 쓸 수 있다면 달러에 대한 의존도를 대폭 줄일 수 있다. 아시아 역내 교역에 쓰는 것은 물론, 유로화 이상의 가치를 인정받으면서 아시아 밖의 나라와 교역을 할 때도 널리 쓰이는 기축통화 지위를 노릴 수 있다. 이렇게 강한 통화를 갖게 되면 외환위기의 가능성을 줄일 수 있고 미국의 절상 압력에 맞설 힘도 생긴다.

공동 통화를 만들려면 원화, 위안화, 엔화 등 주요국 통화를 한데 모은 뒤 이를 아우를 수 있는 새로운 통화를 출범시켜야 한다. 양푼에 각종 재료를 넣고 비벼 비빔밥을 만들어내는 상황으로 이해하면 된다. 그러면 각국 통화가치와 경제력을 평균한 가치의 새로운 통화가 출범하게 된다. 이를 ACU(아큐)라고 부른다. Asian Currency Unit의 약자다.

하지만 출범하기까지 갈 길이 멀다. 우선 한중일을 비롯해 아시아 각 나라들의 사이가 좋지 않다. 수시로 경제, 정치 등 분야별로 파워 게임을 벌이고 있다. 이해관계가 확실히 일치해도 성공하기 어려운 게 통화 통합인데, 수시로 싸움을 벌이는 관계에서 통화 통합은 불가능하다. 통화 통합을 하려면 정치적, 경제적으로 확실한 공감대 형성부터 필요하다.

그뿐만 아니라 각 나라의 경제 수준도 어느 정도 맞춰야 한다. 그렇지 않으면 같은 통화를 쓰는 것이 어렵다. 유럽의 재정위기가 좋은 선례이다. 유럽은 16개국이 모여 단일 통화 '유로'를 출범시킨 뒤 줄곧 흔들림 없는 지위를 유지해왔다. 하지만 이른바 PIIGS라 불리는 포르투갈, 이탈리아, 아일랜드, 그리스, 스페인에 경제위기가 발생하면서 유로화는 큰 위기를 맞게 됐다. 태생부터 문제였다. 그리스 등은 유로화 출범 당시 프랑스나 독일 등 선두 국가들에 비해 경제 체력이 허약했다. 그럼에도 유로화 가치는 각국 통화가치를 평균한 수준으로 결정됐다. 결과적으로 프랑스나 독일은 원래 자국 화폐보다 가치가 낮아진 새 화폐를 갖게 됐다. 반면 그리스나 포르투갈은 원래 자국 화폐보다 가치가 높아진 새 화폐를 갖게 됐다. 경제 체력보다 화폐가치가 높다는 것은 갑작스러운 화폐가치 절상을 뜻한다. 수출경쟁력에 치명타를 입게 된 것이다. 결국 그리스 등은 유로화 사용 이후 경제가 지속적인 어려움을 겪었고 경제위기로까지 이어졌다. 반면 독일 등은 유로화 사용 이후 화폐가치 절하 효과를 입으면서 수출경쟁력이 개선돼 경제 상황이 크게 나아졌다. 독일은 한때 장기 침체로 '유럽의 병자'로까지 불렸는데 유로화 사용 후 세계에서 경제가 가장 탄탄한 나라가 됐다. 반면 그리스 등은 유럽에서만이 아니라 세계 경제의 열등생으로 추락했다. 이 위기로 유로화의 지위가 크게 흔들렸다. 각국의 재정 상황 등 문제를 충분히 해결해놓고 유로화를 출범시켜야 했는데, 그러지 못하면서 일부 국가가 위기를 겪었고 화폐 지위 하락으로 이어진 것이다. 지금은 재정위기가 소강 상태를 보이면서 유로화 가치가 안정돼 있지만 또 언제 추락할지 모른다. 이와 같은 사례는 아시아 국가들도 통화 통합에 신중하게 접근해야 한다는 교훈을 준다.

글로벌 통화 전쟁에서 강대국 간의 힘겨루기가 어디로까지 확대될까? 세계 경제를 관전하는 주요 포인트 중 하나이다. 그 과정에서 한국이 애꿎은 피해를 당하지 않도록 정부와 한국은행은 한시도 긴장을 놓쳐선 안 되겠다. 지금까지 환율의 모든 것을 살펴봤다. 관련 기사를 보거나 생활에서 환율을 접할 때마다 한 번씩 책 속의 내용을 곱씹어 보길 권한다.

홍콩, 아시아 금융의 허브 자리 내놓나?

코로나19 사태 와중에도 계속되는 홍콩 사태로 2020년 6월 미국이 홍콩에 대한 특별지위를 박탈했다. 홍콩과 중국은 한 나라 두 체제를 뜻하는 '일국양제(一國兩制)'의 원칙을 지켜왔는데, 중국 정부가 이를 준수하지 않으면서 미국에서 홍콩의 특별지위 박탈 이야기가 나온 것이다.

1992년 미국 의회는 '홍콩정책법'을 제정한 바 있다. 당시만 해도 홍콩은 아시아에서 자유경제가 가장 이상적으로 구현된 곳이었다. 이에 따라 미국은 미국 달러와 홍콩 달러 간 자유로운 교환 등 중국 본토와 차별화된 경제 무역 특권을 제공했다. 그 결과 세계 100대 은행 중 70여 곳이 아시아 거점을 홍콩에 둘 정도로 홍콩은 글로벌 금융 허브의 경쟁력을 갖추게 됐다. 홍콩에 들어와 있는 외국 자금은 1조 달러에 이르는 것으로 추산된다.

그러나 미국이 홍콩의 특별지위 철회를 공식화하고, 중국이 국가보안법 재갈마저 물리면서 홍콩의 도시 경쟁력은 크게 하락할 가능성이 커졌다. 2020년 3월 영국의 글로벌 금융컨설팅그룹 지엔(Z/Yen)

이 세계 108개 도시의 금융 경쟁력을 산정해 발표한 국제금융센터지수(GFCI)에서 홍콩은 전년보다 3계단 하락한 6위에 머물렀다. 홍콩보다 순위가 낮았던 도쿄, 상하이, 싱가포르가 홍콩 위로 올라섰다. 국제 신용평가사 무디스(Moody's Corporation)는 2020년 1월 홍콩 신용등급을 한 단계 강등(Aa2→Aa3)시켰다. 홍콩의 특별지위가 박탈되면 달러당 7.75~7.85홍콩 달러로 환율을 고정하는 페그제가 위협을 받아 금융시장이 불안해질 가능성도 제기됐다. 홍콩에서는 인재는 물론 자본까지 대이탈하는 '헥시트(Hexit)'라는 용어까지 등장했다.

이런 상태에서 미국이 홍콩의 특별지위를 박탈하면 1조 달러(약 1,230조 원) 규모의 아시아 금융 허브 자리를 놓고 아시아 각국의 경쟁이 격화될 것으로 보인다. 법률·영어·세제 등 홍콩의 장점을 두루 갖춘 싱가포르가 대표적이다. 싱가포르의 법인세는 17%로 홍콩(최고 16.5%)과 비슷한 수준이다. 도쿄도 적극적이다. 도쿄는 뉴욕에 이어 세계 2위 증시 규모를 가지고 있고, 세계 3대 경제 대국 일본의 수도라는 점이 강점이다. 또 상하이는 세계 최대 시장인 중국에 대한 접근성이 가장 좋은 것이 강점이다. 아시아 금융 허브를 둘러싼 패권 경쟁은 앞으로 세계 금융 시장의 주요 관전 포인트가 될 것으로 보인다.

요즘 환율 쉬운 경제

환율의 여정을 마치며

지금까지 준비한 환율의 모든 것을 함께했다. 조금은 환율에 대한 이해가 깊어졌으리라 믿고 싶다. 적어도 환율과 관련한 신문 기사나 방송 뉴스를 이해하는 데는 부족함이 없으리라 생각한다. 기사나 생활에서 환율을 접할 기회가 있을 때마다 한 번씩 책 내용을 곱씹어보길 권한다.

기자 생활을 하면서 많다면 많은 책을 썼다. 그중 이번 책은 유난히 힘들었다. 하나의 개념만으로 책을 쓴다는 게 얼마나 어려운 일인지, 또 누구나 알기 쉽게 쓴다는 것이 얼마나 깊은 내공이 필요한 일인지 다시 한 번 절실히 깨닫는 계기가 됐다. 공부를 한시도 게을리해선 안 되겠다. 또한 부족한 책을 완성형으로 거듭나게 해준 더난출판 관계자들에게 진심으로 감사의 인사를 드린다.

언제쯤 '경제가 좋아졌다'는 말을 할 수 있을까? 어쩌면 저성장과 저출생·고령화로 이 터널은 영원히 계속될지도 모르겠다. 그렇다고 좌절만 하고 있을 순 없다. 뿌연 안개 속에서도 희미하나마 멀리 보이는 불빛만 알아챌 수 있으면 길을 잃지 않고 전진할 수 있다. 이 책이 언제든 꺼내볼 수 있는 나침반이 된다면 좋겠다.

독자 여러분, 건승하십시오.

요즘 환율
쉬운 경제

초판 1쇄 인쇄 2020년 7월 15일
초판 1쇄 발행 2020년 7월 23일

지은이 박유연
펴낸이 신경렬

편집장 유승현 **책임편집** 황인화 **편집** 김정주
마케팅 장현기 정우연 정혜민
디자인 이승욱
경영기획 김정숙 김태희 조수진
제작 유수경

펴낸곳 (주)더난콘텐츠그룹
출판등록 2011년 6월 2일 제2011-000158호
주소 04043 서울시 마포구 양화로12길 16, 7층(서교동, 더난빌딩)
전화 (02)325-2525 **팩스** (02)325-9007
이메일 book@thenanbiz.com **홈페이지** www.thenanbiz.com

ⓒ 박유연 2020

ISBN 978-89-8405-996-2 03320

이 도서의 국립중앙도서관 출판예정도서목록(CIP)은 서지정보유통지원시스템 홈페이지(http://seoji.nl.go.kr)와 국가자료공동목록
시스템(http://www.nl.go.kr/kolisnet)에서 이용하실 수 있습니다.(CIP 제어번호: CIP2020026532)